JN252465

木村護郎クリストフ

脱英語依存こそ
国際化・グローバル化
対応のカギ！

節英のすすめ

萬書房

はじめに

「節電」――二〇一一年の東日本大震災に伴う福島第一原発事故のあと、とりわけ関東や東北地方ではこのことばがよく聞かれました。それは、直接的には、電力不足に直面して電力消費を減らそうとするものでした。

その後、電力供給の安定が確保されて、節電ブームはいつしか去った感があります。しかし、節電を、単に「一時的に電気を節約する」というだけではなく、「持続的に電気を節度をもって使う」という意味でとらえなおしてみたらどうなるでしょうか。電力が足りないから仕方なくとりあえず我慢するということとは違って、電気を大切に使いつづけることは、むしろ生活がよりよくなることにさえつながる可能性があります。たとえば、明るい照明は読書などに必要ですが、明るすぎてはかえって落ち着きません。食事のときなどは、少し照明を落とすほうが雰囲気もよくなります。あるいは、過度に冷房をきかせることで、体が冷えたり外との温度差のために体に負担がかかったりすることも、電気の使いすぎで起こる弊害です。電気は、ほどほどが一番快適なのです。

大震災のとき、私たちは、何の気なしに使っている電気がどこから来て、使うことがどのような影響を及ぼすかに思いをはせて、電気の使い方を考えなおす機会が与えられました。節電を単なる急場しのぎで終わらせてしまったら、実にもったいないことです。

節度のある使い方が有意義なのは、電気だけではありません。お察しのとおり、本書の「節英」という表現は、「節電」の「電気」を「英語」に置き換えたものです。電気は現代社会を支える基盤の一つですが、本書では、電気同様、あるいは電気以上に社会を運営するうえで根本的な意味をもつ言語についても、電気についてと似たようなことがいえるということを考えてみたいと思います。

とりわけ、地球規模化（「グローバル化」）が進むなか、ますます広く使われるようになってきた英語と、節度のあるつきあい方をしていくことが、一人一人にとっても、日本の社会にとっても、さらには世界にとっても有意義かつ重要であることを考えるのが本書の中心となります。

どんな人間にも長所と短所があるように、物事にはなんでもよい面と悪い面があるものです。何が好ましいか好ましくないかは、見方や立場によって異なることも少なくありませんが、いずれにしても、現実を見きわめて判断するためには両面を見ることが大切です。

国際語としての英語についても、その便利さに圧倒されて礼賛するのも、毛嫌いして「英語帝国主義」だといって批判するのも、どちらも一面的な見方に思えます。

ただし、国際語としての英語に関しては、よい面だけを見るあまりに問題点に目をつぶる見方のほうが広がっているように思えます。実情をふまえて冷静かつ現実的につきあっていくためには、まず英語を過大視しないで等身大の英語を見すえることが前提です。そこから、必然的な帰結として、英語に頼りすぎない姿勢が生まれるでしょう。本書では、「もっと英語やらないと」といった、よくいわれることとは逆に、英語の使いすぎを控える「脱英語依存」こそが国際化、地球規模化にうまく対応するカギだ、ということをさまざまな角度から考えていくつもりです。

「グローバル化時代」に対応するためにはひたすら英語力を高めていくしかない、あるいは、英語ができなければこれからの「グローバル化社会」でやっていけない、といった強迫観念から自由になろうよ！　というのが本書の基本的な主張です。

では、さっそく一緒に考えていきましょう。

凡例

一、引用文中の［ ］は著者による注釈を示す。
一、文献の［ ］は初版初刷り刊行年を示す。

節英のすすめ●目次

はじめに　3

第1部　なぜ「節英」なのか――国際語としての英語の裏側……………………………13

◉導入：英語の光と影　14

第1章　節電から節英へ　16

節電の意義　16／「不足」ではなく「過剰」に対して　19／過剰な英語依存!?　22／「ポジティブ思考」をこえて　24／「節英」とは何か　26

《コラム1》日本で原発と英語の普及が同時進行したのは偶然？　29

第2章　「9・11」と英語　32

「9・11」は何を指すのか　32／国際的な連帯感の断絶　36／英語の問題としての「9・11」　39／英語の「安全神話」の崩壊　43

《コラム2》外国語教育から見た安保法制論議の落とし穴　47

第3章 「自国化」による情報伝達の屈折 52
ドイツの「フクシマ」報道 53／日本におけるドイツの「エネルギー転換」報道 56／国際ニュースにおける英語圏の役割 60／英語圏バイアス 63／英語圏＝世界？ 67
第4章 共通語の限界 73
ことばが通じれば理解し合える？ 74／内側の視点と外側の視点 80／外からの視点では見えないもの 81／国際ニュースの三つのバイアス 86
第5章 言語運用力の格差 87
「ネイティブ」はここが違う！ 87／「違い」が生み出す効果 98／「ネイティブ」同士・非「ネイティブ」同士の格差 103
《コラム3》国際会議の英語事情 109
第6章 では、どうしたらいいのか 112
もっと英語を？ 112／努力主義で大丈夫か 114／言語的格差社会をめざすのか 117／何を犠牲に

するのか　119／「わかったつもり」の拡大と英語圏の視点の浸透　121／成り上がり戦略でうまくいかないわけ　125
《コラム4》節電してみました　127

第2部　節英はどのようにできるのか……………………131

◉導入：英語は薬！　132

第7章　英語を飼いならす――「国際英語」という発想　134

「ネイティブなみ」は現実的で妥当な目標か　135／「共通語としての英語」138／めざすはわかりやすさ　142／ネイティブ英語に代わる国際基準とは　145／ネイティブに国際英語を教えよう！　148／国際英語の効果と限界　151
《コラム5》カタカナ語の功罪　154

第8章　国際語としての英語とどうつきあうか　160

何をしたいかを明確に　160／共通語（国際語）よりも現地語優先で　163／恥ずかしがらずに　167

／他者の力を借りつつ　169／多様性を尊重する　171／節英五か条　173

第9章　りんご（隣語）をかじろう　175

異なる視点への気づき　175／言語の社会的な相対性　180／知のポートフォリオを豊かにする　184
／養子言語と言語分業社会　186／お勧めのりんご——手話とエスペラント　190

《コラム6》Ĉu vi estas Esperantisto?　——ブラジルでの出会い　199

第10章　多言語とどうつきあうか　201

第一条　何をしたいかを明確に　201／第二条　共通語（国際語）よりも現地語優先で　204／第三条　恥ずかしがらずに　206／第四条　他者の力を借りつつ　207／第五条　多様性を尊重する　208
／五か条を応用してみると　209

《コラム7》理系研究者の言語事情——英語オンリーは非効率　215

第11章　意外と日本語でいける　222

日本語による国際化　224／日本語の国際化　230／日本語のための国際化　232／国際語としての日本語　236

《コラム８》日本語話したいのに――話してもらえない在日外国人　238

第12章　日本語をもっと活用するために　242
通翻訳は使い得　243／漢字の功罪　250／言語は意味だけではない　255
《コラム９》当世留学生日本語事情　262

おわりに――私たちはどの方向をめざすのか　266
エネルギーと言語の二つの方向性　266／行動の節英　268／構造の節英　270／セツエイを国際語に！　273

引用・参考文献　275
あとがき　281

第1部

なぜ「節英」なのか

――国際語としての英語の裏側

《導入》英語の光と影

第1部では、英語の光と影について考えたいと思います。ここで光と影、というのは二つ意味があります。まず、何事も光と影があるということです。うまい話には裏がある、ともいいます。英語も例外ではありません。英語は、これまで人類史上、前例のないほど地球規模に広がった共通語です。これほど、世界のいろいろな地域の多くの人たちと伝え合い（コミュニケーション）ができる言語はありません。

でも、光があれば必ず影が生じます。強い光に目をくらまされていると、その強い光が大きな影をもたらしていることは忘れがちになります。ここではあえて英語が国際語として使われていることの好ましくないと考えられる側面をとりあげてみたいと思います。うがちすぎと思われるかもしれませんが、ふだん私たちは、英語の便利さを意識しがちです。そういうなかで、現在の英語の使われ方の否定的な側面、つまり影の面を見ることは、光を否定するためではなく、バランスのとれた見方をするためであることを確認しておきたいと思います。

光と影に関するもう一つの観点は、私たちが英語を重宝するあまりに、英語の力を過大視しているのではないかということです。部屋の中で、低いところから物に光をあてると、壁に大きな影が映り、その物の像が実物より大きく見えます。私たちは、英語に対してあまりにも低姿勢から見上げているので、実体よりも大きく英語をとらえてしまっている面があるのではないでしょうか。だから、英語のすごさに圧倒されてしまいがちです。でも、光のあて方を変えると、等身大の英語の像が壁に映し出されます。

英語はたしかに強い光を放ち、また実体もとてつもなく大きい言語です。そんな英語とうまくつきあっていくうえで大切なのは、便利さに幻惑されたり、下から見上げるような態度をとることではなく、あまりうれしくない側面からも目をそむけずに、英語の多面的な現実を正面からきちんと見つめることです。

第1部では、そのような、現実的な英語観を得ることをめざします。

1 節電から節英へ

「はじめに」でちょっとふれましたが、言語と電気はどちらも現代社会を成り立たせる基本的な要素です。現代文明の運営にとって不可欠な前提といってもいいでしょう。この原稿だって、言語を使って伝達をしていると同時に、電気で動くパソコンを使って書いています。この原稿は言語と電気のおかげでできあがったといえるわけです。マクルーハンという有名なメディア論者は、言語と電気はどちらも単なる技術ではなく、人間の環境と経験の全体に影響を及ぼすと述べていますï¼マクルーハン二〇〇一［一九八七］、六〇頁）。電気と言語には思わぬ共通点がありそうです。

本章では、私たちの生活を根本から支えている電気と言語のつながりを探り、電気とのつきあい方を手がかりにして、言語についてどういうことが考えられるか、見ていきたいと思います。

節電の意義

はじめに、電気について考えてみましょう。私たちはふだん、電気をあたかも空気のように自然なものとして受けとめて生活しています。しかし、東日本大震災のあと、とくに関東や東北にお住まいの方は、節電をしたという人が多いのではないかと思います。では、その節電は、なぜ、そして何のためだったのでしょうか。

東日本大震災のあと、ポスターや張り紙などでよく見られた「節電中」という文言から考えてみましょう。「節電中」という表現からは、電力が不足しているからとりあえず節電するけど、電力が足りるようになったら節電はもうやめる、という含意が感じられます。「東日本大震災に伴い、節電中」とか「当面の間、節電中」といった表現がしばしば見られましたが、これらの文言には、この考え方が明確に表れています。ここでいう「節電中」というのは、いわば、震災と原発事故のために電力が不足しているので一時的に電気を使う量を控えること、と考えてもいいでしょう。実際、「節電中」の張り紙は震災直後に比べてだいぶ減った感があります。

では、電力不足が一応解消された今日、節電はもう不要になったのでしょうか。そうではない、と考えられる理由がいくつかあります。一つは、環境問題です。エネルギー使用は必ず環境負荷を伴うので、「人間が支払うエネルギー予算は自然に対するわれわれの暴力行為の物差しである」という指摘があります（リートケ一九九三、三一〇頁）。つまり、エネルギー使用が増えると、地球環境への暴力の度合いも増えるということになります。

現在、日本でもっとも多く使われている火力発電は温室効果ガスを排出するので、電気を使えば使うほど、地球温暖化につながる可能性が高くなります。また資源を掘り出す過程でも、環境破壊が起きています。一方、原発には事故の危険性や放射性廃棄物処分の問題があります。では、再生可能エネルギーはどうかというと、風力発電では低周波音、野鳥の衝突死などの問題が起きていますし、太陽光は広い表面を覆うほど大規模にパネルを設置する場合、動植物への影響が懸念されます。大規模な水力や地熱による発電も、自然環境への相当程度な介入が必要です。発電設備が各地に設置されることによる景観の変化を懸念する声もあります。

日本は世界的に見れば電気を多く使うほうの国です。もちろん、アメリカ合州国（以下、アメリカ）やアラブの産油国などと比べると日本はまだましかもしれません。それでも世界中が日本と同じくらい電気を使ったら、環境への負荷は著しく増加することになります。世界中の人々が今の日本人の生活の仕方をしたら地球一個分の資源では足りないといわれています。日本の私たちは、自分たちがたくさん電気を使いたいので、地球環境のためにアフリカのみなさんは使用を控えてくださいね、というのでしょうか。そういわないとしたら、日本をはじめとする「先進国」が電気を含むエネルギーの使用を減らすしかありません。

国単位では、近年、しきりに「国富の流出」がいわれます。どういうことかというと、「3・11」以降、原発に頼っていた分の多くを火力発電でまかなっているので、膨大な量の化石燃料を絶えず輸入しつづけることで、私たちは電気を使えているわけです。その化石燃料代として国富が流出しているというのです。

国富が流出していることを問題としてとりあげたがる人たちは、だから原発を再稼働させないといけないというのですが、それをいうのだったらなんで節電を訴えないんだろうという素朴な疑問がわきます。つまり、原発が使えなくなって化石燃料の輸入が増えているとしたら、その分節電をすれば国富の流出を防げるのに、なぜそれをいわないのでしょうか。毎年、何兆円もの巨費を化石燃料の輸入に払いつづけるよりも、節電・省エネを進めたほうが日本経済にとって全体として得に決まっています。

もっと因果関係が身近に感じられるのが、家計への影響です。私たちの家計にとっても節電は意味があります。節電するほど、支払う電気料金が減るのですから。月一万円の電気料金を払っていたとすると、電気使用量を一〇%減らしたら、年に一万二千円電気代が浮きます。

このように、地球環境にとっても、日本経済にとっても、一人一人の財布にとっても、節電は、電力が不足していようがいまいが、意味があるし、やったほうがいい、ということになります。

「不足」ではなく「過剰」に対して

ところが電力使用の実際はどうでしょうか。四〇年ほど前から最近までのエネルギー消費の変遷を見ると、灯油やガスは実はあまり使う量は増えていないのです。それに対して増えているのは電力です。電力はこの間に、使う量が二倍以上になっています。ここで出てくる疑問は、どうして電力消費がここまで増えたのかということです。

電力会社は、増えた需要に対応したのだというのでしょうけれども、発電所が次々と建てられて供給量が増えた結果、電力消費が増えていったと考えることもできます。供給が先行するという点では、近年のオール電化がまさにそうです。オール電化は、大量に生み出される原発の電気の使い道をつくるという意図をもって推進されてきた側面があるのです。

こうして、水を流すことにも電気を使うといったばかげたトイレに象徴されるような、はてしない電力消費拡大、電力依存のなかに、私たちは「3・11」前までいたわけです。こうして行きついた東日本大震災の頃の状況について、経済学者の水野和夫は次のように指摘しています。

「首都圏では昼間の鉄道の運転本数を減らして節電したが、それで大した不自由は感じられなかった。エネルギーは過剰消費だったのである。まさに『供給自ら需要を創る』〔というセーの法則〕に依拠する新古典経済学の行き着いた先が3・11だったのである。結局、セーの法則とは『過剰な供給が過剰な需要を創る』である。（…）3・11はエネルギーの過剰な『蒐集』によって起きた事故だといえよう」（水野二〇一二、三七二-三七三頁）

ここで水野が問題にしているのは、まさに現代の鍵概念ともいうべき「持続可能性」です。風船に限らず、はてしなく膨張すれば、どこかで限界にぶち当たるというのは、ちょっと考えれば誰にでもわかることです。それに目をつぶって過剰にエネルギー消費を増やしてきた結果が、地震国日本における原発の乱立であり、それが事故を引き起こす背景となったというわけです。

水野によれば、これは近代の基本的な問題にもつながります。

「近代の理念は『膨張』とその結果として必然的にたどり着く『過剰』なのであるから、近代を終わらせるプロセスは『収縮』と『節約』である。これをくぐり抜けないと、近代の次へ到達できない」（同、三七三頁）

節電というと一見せせこましい話に聞こえますが、このように考えると、実は、近代文明のあり方自体を考え直す意味をもつのではないかとさえ思えてきます。日本に住む私たちはすでにおそらく世界最多の家電製品に取り囲まれて生活しています。これ以上家電製品が増えてさらに便利になったところで、はたして幸福感がこれ以上高まるでしょうか。必要以上食べても満腹感をこえて快感が得られるわけではありません。むしろ気持ちが悪くなったり、健康を損なう恐れがあります。電気も同じです。電気のおかげで私たちは便利で快適な生活・職場環境を獲得することができました。しかし、これまでのように電力消費の拡大を続けていくことが持続可能でもなければ個々の人や社会全体の幸せの増進にも貢献しないとすると、節電は、一人一人の生き方や社会のあり方を見直すきっかけであるといえないでしょうか。日本社会の場合、節電は、電力が不足しているから一時的に行うようなものではなく、過剰だからこそ、継続的に行うべきものだということになります。この意味での節電の極意については、私の研究分野である言語社会学の大先輩でもある鈴木孝夫の『しあわせ節電』（文藝春秋、二〇一二）という本がお勧めです。

このような理解に基づくと、節電は、「とりあえず電気の使用を控える」といったものではなく、次のように定義しなおすことができます。

> 節電＝自分の電気使用がどのような意味をもつかを自覚して、節度をもって使うこと

過剰な英語依存⁉

では、節電が言語とどう関係するか、考えてみましょう。

「3・11」まで、将来の電力不足が予想されるからどんどん発電量を増やさなければならないということがずっといわれつづけてきました。似たようなことを言語に関して聞いた気がしないでしょうか。そう、英語です。英語についても、英語の普及はまだ不十分である、将来のためにもっ

と英語教育を増やさないといけない、ということがいわれつづけてきました。小学校で英語が事実上必修になり英語活動が始まったかと思うと、それも不十分ということで、今度は五年生から教科化することになりました。きっとそれも不十分なので、もっと低学年からはじめて、もっと時間数を増やす、ということになっていくことでしょう。今後は小学校三年生から英語をはじめるといっていますけれども、そこにとどまるはずはなく、数年後には、一年生からやるということになるにちがいありません。そして、一年生からはじめてもうまくならないから、今度は幼稚園からということになって、それでも足りないから、親とも家で英語をしゃべりましょうというところまでいくしかありません。そうすると、親の英語力が足りないから、親も英語をもっと勉強しないといけないということになって、……。

戦後の日本は、電力が足りないから電力の供給量をもっと増やさないといけない、そのために原発も増やさないといけないというエネルギー計画だったわけです。それと同じように、英語力も足りないからどんどん増やさなければならないという発想が続いていて、電力使用がどんどん増えていったように、英語力の強化がうたわれてきたのです。

電力使用がある程度飽和に達したのに対して英語力はまだまだ伸ばす必要がある、と思われるかもしれません。しかし、節電の意義について先に考えたことをふまえて、英語力も、実は不足しているのが問題なのではなく、過剰に依存しているところに問題があるのではないかというふうに発想を転換してみたらどうか、というのがこれから考えてみたいことです。

「ポジティブ思考」をこえて

発想転換の前提となるのが、「ポジティブ思考」をやめることです。ネガティブ（否定的）なことばかり考える「ネガティブ思考」が精神衛生上もよくないことは納得できると思いますが、「ポジティブ」というと、肯定的ということなのに、いいことをなんでやめるの？と思われるかもしれません。でも、「3・11」の一つの教訓は、「ポジティブ思考」の落とし穴が明確になったということではないかと思うのです。ここで「ポジティブ思考」というのは、ネガティブな部分は考えないで、都合のいいところだけ考えて、それこそが現実だと思い込むということです。つまり、原発についていえば、チェルノブイリ原発事故が起きたのは社会主義国のソ連だからであって、日本は世界最高の技術をもっているから事故は絶対に起こらない、という感じだったわけです。

しかし、実際には、日本でも原発事故が起こりうるという提起をする人はいました。福島第一原発事故で起こったことをほぼそのまま警告していた人さえいるのです（添田二〇一四）。ところが、それはまったく非現実的だといって無視されました。でも、どちらが現実主義だったでしょうか。福島第一原発事故は「想定外」の地震・津波によって引き起こされたものではなく、具体的な指摘があったにもかかわらず「想定不適当」（想定しないことにする）として対策をしてこなかったことによるものです。その意味で、福島第一原発事故は、都合のいい側面を強調してきたことによる「ポジティブ思考災害」ということができます。「3・11」の出来事が痛切に見せつけたことは、都合の悪いことに目をつぶらず、否定的な面にも目を向ける複眼的な現実思考が大事だということです。「3・11」の最大の教訓は、両面を考えることの大切さを示されたことかもしれません。

これはエネルギー教育の課題にもつながります。原発は便利だから安心して使いましょうというのが、いわば「3・11」以前の原発に関する一般的な教育のあり方だったのではないでしょうか。実際、原発の安全性を解説する教材がつくられていました。しかし、原発は放射性廃棄物処分の問題があるし、事故が起こるかもしれない。火力発電は安定した発電が可能だけど環境によくないし、燃料をたえず輸入してこないといけない。再生可能エネルギーは爆発しないし燃料を買ってくる必要もないけど、逆に発電が不安定になりがち。それぞれの発電方法の可能性や限界をふまえたうえで、それでは電気をどう使っていこうか、ということを教育の場で考えるほうが現実的なエネルギー教育です。従来の原発に関する教育の問題点と今後の方向性は次のようにまとめることができるでしょう。

「原発の有用性とその問題点をマクロ社会的な視点から捉え、公教育におけるエネルギー教育政策に意見を具申し、広く日本国民に正確な情報を提供し、そして同時に学習者個人に原発学習の意義と在り方を考えさせていくことは原発教育学の重要な役割であろう。いたずらに原発の有用性を喧伝することは、動機づけではなく、単なる扇動ではあるまいか」

「節英」とは何か

さて、英語教育はどうでしょうか。英語教育は今、すごくポジティブ思考です。どんどん英語をやりましょう、やったらいいことがありますというけれど、その裏にひそむ問題点については英語の授業ではほとんどふれません。これは、「3・11」以前のエネルギー・原発教育と似ています。実は、前節の最後にあげた原発教育に関するまとめは、英語教育学者の堀部秀雄が英語教育の問題点について指摘した文章の「英語」を「原発」に、「言語」を「エネルギー」におきかえたものです。原文は次のとおりです。

「英語の有用性とその問題点をマクロ社会的な視点から捉え、公教育における言語教育政策に意見を具申し、広く日本国民に正確な情報を提供し、そして同時に学習者個人に英語学習の意義と在り方を考えさせていくことは英語教育学の重要な役割であろう。(…)いたずらに英語の有用性を喧伝することは、動機づけではなく、単なる扇動ではあるまいか」(堀部二〇〇二、一二四頁)

日本の英語教育は、どういうふうにうまく英語を教えるかうまく学べるかは一生懸命に考えるのですが、そもそも英語を教えたり学んだりすることがどういう意味をもつのかということはほとんどどとりあげないのではないでしょうか。とにかく教え方、学び方ばかりやっている。それはもちろん大事だけれども、そもそも英語を使うことにはどういう利点と課題があり、英語でできることの範囲はここまでですよ、というようなことをあまり（ほとんど？）教えていません。英語教員の養成からしてそうです。英語を教えたり学んだりすることがどういう意味をもち、自分や他人、また社会にどのような影響を及ぼすかに思いをはせる姿勢が必要なのではないでしょうか。これを「節英」と呼びたいと思います。

節英＝自分の英語使用がどのような意味をもつかを自覚して、節度をもって使うこと

こういった姿勢をもつことの大切さは、電気や言語の教育に限ったことではありません。大雑把にいえば、二〇世紀の教育というのは、能力を発揮することが中心でした。どんどん能力を伸ばそうとしてきたわけです。ところが現在は、科学技術や社会システムの運営力が進んだ結果、人間が能力的にできることをすべて発揮したら大変なことになってしまいます。核兵器で人類をほぼ滅ぼせるからといってやってはいけないのはいうまでもありませんが、そういう能力を人類がもつに至ったことを認識しなければなりません。また、今の私たちが快適に生活するために将来の世代の環境を悪化させてよいのでしょうか。生命の問題はさらに微妙です。生まれてくる赤ちゃんの遺伝子を操作することから高齢者の延命治療まで、多くの問題が生まれています。そこで環境倫理や生

命倫理の議論が盛んになっているわけです。

人間の能力をどう制御して、どう使っていくか、どういう場合に何をやっていいかを考えていくことは、今後、教育においてすごく大切になるはずです。ところが現実の教育はまだ頭が古くて、どんどん能力を開発して発揮させることしか考えていない。これでいいのでしょうか。もっと、能力を制御することや節制することを考えるのが時代の要請ではないでしょうか。発電手段として未曽有の規模をもつ原発は、まさに制御力が不十分なまま製造と使用が先走りしていた代表例といえます。

第1部では、次章以下で、コミュニケーション手段として未曽有の規模に達した英語についても、能力の開発だけでなく制御を考えたほうがよい理由を見ていきたいと思います。そして第2部では、英語を含む言語能力の使用がもたらす可能性と弊害を見すえたうえで、使い方を制御していくことについて考えていきたいと思います。それが本書でいう「節英」です。節英とは、実は英語を使いこなすことである、と言い換えてもいいかもしれません。

《コラム1》日本で原発と英語の普及が同時進行したのは偶然?

第1章では、電気と言語について考えるなかで、原発と英語をめぐる課題の類似性に注目しましたが、それはいわば比ゆ的な話でした。ところが、戦後の日本で、原発と英語は、実際、時代的にほぼ並行して推進されてきました。これは偶然ではなく、共通の背景があります。それがアメリカとの関係です。日本は戦後、核の傘とドルの傘のもとで発展してきたという見方があります。「核の傘」は、アメリカの核兵器のもとで安全保障をはかる政策がとられてきたことを指します。そして日本が戦後大きな復興を遂げて経済発展した大きな要因が「ドルの傘」のもとで行われてきた日米貿易です。そして、実はこれらに付随するものとして、原発と英語があったのです。

まず原発についてですが、日本の原子力史を研究してきた吉岡斉《ひとし》は、日本が「原子力発電大国」になった「歴史的プロセスにおいて決定的に重要な役割を演じてきたのは日米関係である。そのことは日本の商業用発電炉がすべて米国型軽水炉であることだけをみても明らかである。そうした日米関係には軍事利用に関する両国の利害関心が投影されてきた」(吉岡二〇一一、一二九三頁）と指摘して、こうした事態を「日米原子力同盟」と呼んでいます。「平和利用」と「軍事利用」は、技術的にも実質的な意図としてもつながっていて、アメリカ側には、冷戦戦略の一環として日本への核配備を進めるにあたり、原発導入によって「核の平和利用」をうたうことで被爆国日本の核アレルギーを取り除くという思惑もあったようです（太田二〇一四、九・一九頁）。一方、日本政府側には、原子力＝核技術を手に入れることによって核武装の可能性を保有するねらいがありました。

ここに見られる日米関係の社会的側面について、社会学者の大澤真幸《まさち》は、「『原子力の平和利用』は、必然的に、アメリカ（…）への心理的な依存を伴ったものになる。それは、アメリカのようになりたい、アメリカに認められたいという欲望の一つの現れだからである」（大澤二〇一二、八五頁）と、原発推進をアメリカへのあこがれと結びつけています。

英語についても同様に、ドルの傘のもとでの経済成長に付随する現象として理解することができます。このことは、一九四五年以降の貿易のなかで大きな比重を占めてきた日米貿易において主に英語が使われてきたことが、戦後日本における英語の実際的な機能の代表的なものであったことを想起するだけでも明らかでしょう。英語は、戦後の日本においてはとりわけアメリカとの密接な関係のなかで推進されてきました。英語学習者も、「ガイジン＝英語を話す人＝アメリカ人」というしばしば見られた思い込みに代表されるように、当然のごとく、英語をアメリカと結びつけてきました。アメリカの文化や生活様式へのあこがれは、英語学習の原動力として大きい割合を占めてきました。

こうして、戦後日本における原発と英語の比較的順調な受け入れは、いずれもいわばアメリカとの紐帯のしるしないしアメリカへの依存の証としてとらえることができます。

世界的に見ても、両者はともに第二次世界大戦後に拡大していったのですが、その際、アメリカの影響力があったことは見逃せません。原子力については、アメリカのアイゼンハワー大統領が一九五三年一二月八日に国連総会で行った「平和のための核」演説が原発の国際的普及の出発点としてよくあげられます。英語も、戦勝国アメリカの覇権とともに、旧大英帝国植民地地域をこえて急速に国際的に普及が進みました。アメリカとの密接な関係のもとに歩んだ戦後日本は、両者がアメリカの直接の影響のもとで推進された代表例といえるでしょう。

このように、世界的にも、またとりわけ日本で、原発と英語の推進・普及は同じ国際政治経済的な文脈の、異なる領域における現れとして並行して進んできたのです。「電力の必要性」や「世界の人々とのコミュニケーションの必要性」によって原発や英語が普及してきた、といった言い方を真に受けているようでは、原発や英語をめぐる国際情勢を見逃してしまいます。

現在、原発は技術的にアメリカから独立してきているかのように見えます。しかし、日本政府が原子力発電をやめようとしない一つの背景には、依然としてアメリカの意向があることが指摘されています（矢部二〇一四）。また英語も、アメリカを離れて「グローバル化」しているという見方がありますが、本当でしょうか。次章では、このことについて考えましょう。

2 「9・11」と英語

節電については「3・11」が考察の手がかりになりました。英語を考えるうえで手がかりになるのが「9・11」です。ここでは、「9・11」と英語の関係について考えていきたいと思います。

「9・11」は何を指すのか

「9・11」というと、何を思い浮かべるでしょうか。誰もが二〇〇一年のアメリカでの同時多発テロを思い浮かべることでしょう。でも、なぜ私たちは「9・11」といったときにこの事件を思い浮かべるのでしょうか。これはあまりにも当たり前のように思っていますけれど、実は考えてみるに値することです。単純に考えて、毎年九月一一日があるわけですから、「9・11」は無数にあるわけです。また同じ年でも、この日付にはいろいろな場所でいろいろな出来事が起こっていることでしょう。一つ例を出してみましょう。

二〇〇一年九月一一日には、三万五六一五人の子どもが飢餓で亡くなった（国連食糧農業機関による）。
場所：世界でもっとも貧しい国々
テレビ特集：0、記事：0、各国首脳の声明：0、危機対応の呼びかけ：0、連帯の声明：0、黙祷のひととき：0、犠牲者追悼：0、特別会合：0、金融市場の反応：0、責任者の追及をめざす動き：0

これはいわゆる「9・11」のあとに私のところに回ってきたメールの一部です。二〇〇一年の九月一一日には三万五六一五人の子どもたちが飢餓で亡くなっているとのことです。しかし、それに関する特別なテレビニュースはなかったし、新聞の記事もなかった、国家元首のメッセージもなかった、この飢餓にどう対処するかというアピールもなかった、連帯の表明もなかった、黙祷の時間もなかった、死者を悼むこともなかった、それに対応する会議が開催されることもなかった、市場も反応しなかった、何が原因か責任の所在を追及する動きもなかった、ということをいっています。

たしかに、アメリカでのテロ事件のほうが、特定の国で起きた突発的な事件だという意味でニュース性があります。しかし当然、飢餓の問題は非常に大きな問題です。ニューヨークのビルに飛行機が激突してビルが崩壊する映像は衝撃的でしたが、映像の衝撃性をのぞくと、日本の私たちが食べ物のあふれるなかで暮らしている同じ日に、同じ地球上で飢えて死ぬ人がたくさんいるということのほうがむしろ衝撃的といえるかもしれません。しかし、そのことへのメディアの関心は、アメリカでのいわゆる「9・11」の出来事への関心に遠く及びません。どちらも大きな問題だと思うのですけれども、片方だけに私たちの意識が向けられる状況になっているということです。このメールは、アメリカの同時多発テロだけを大きく報道するメディアのあり方、そしてそれを受け取る私たちのあり方への疑問をつきつけるものでした。

飢餓は毎日のことなので、とくに「9・11」と結びつける必然性がない、という意見もあるかもしれません。そこで、ある程度歴史に残る「9・11」の例を見てみましょう。スペインのカタルーニャ自治州では、九月一一日は「カタルーニャの日」という祝日になっています。一七一四年にスペイン継承戦争でカタルーニャが自治の特権を失い、バルセロナが陥落した日を記念して、現在も自治・独立を訴える日として大切にされています。これはずいぶん古い例ですが、二〇世紀にかぎっても、たとえば一九二二年九月一一日にはギリシャで当時の国王が退位することになるクーデターが、一九七三年九月一一日にはチリでアジェンデ大統領が殺害されるクーデターが起こりました。もっと近年では、エストニアのソ連からの独立につながった「歌う革命」でエストニア人の四分の一以上に当たる三〇万人が参加した大集会は、一九八九年九月一一日でした。いずれも、それぞれの国において体制転換をもたらすことになる大きな出来事でした。また一九九〇年の九月一一日は、ブッシュ（父）大統領が、湾岸戦争を始めることを議会で宣言した日だそうです。ですから、ギリシャ、チリ、エストニア、イラクやクウェートの歴史において「9・11」はそれぞれ異なった出来事と結びついてきたわけです。なお、一九二二年九月一一日は、イギリスによるパレスチナ委任統治が宣言された日でもあるそうです。今日まで続く中東紛争の直接の発端にもつながるこの日付は、あの自爆テロが九月一一日に起こされた理由としてあげられることもあります。

ところが、私たち日本人にとっては、「9・11」というのは、ニューヨークの世界貿易センタービルに飛行機が突っ込んだ日だけです。つまり、他の地域の他の年にもいろいろな「9・11」があったとしても、「9・11」というときに私たちがこの事件を特別に記憶するのはいったいなぜなのでしょうか。たしかにこの事件は、もっとも最近の出来事です。でも、「9・11」がこの出来事と結びつく理由はそれだけではないでしょう。ここでは二つあげたいと思います。

一つは、日本人も犠牲になっていることがあげられます。右にあげた他の「9・11」の事件はいずれもその国にとっては大きな事件であったとしても、日本とは直接かかわりません。その点、アメリカの「9・11」は日本人にとっても他人事ではありませんでした。その意味で、日本でこの「9・11」が記憶されるのは当然ともいえます。日本で二〇〇一年アメリカの「9・11」が報道されるときは、日本人犠牲者のことが必ず語られます。国際ニュースにおいては、世界で毎日起こる出来事のうち、自国に関係のある出来事を自国の関心に合わせて提示するということが行われています。これをニュースの「自国化」といいます。

もう一つ考えられるのは、このテロがアメリカで起こったから、ということです。九月一一日という日付を離れてみると、他の日にも虐殺やテロはあちこちで起こっていますが、なぜ「9・11」の記念だけが格段にとりあげられるのでしょうか。特定の地域で起こった出来事が広まっていく反面、他の地域で起こっている同じような出来事はほとんど注目されないというのは、私たちが世界を見る目の現実としておさえておく必要があります。中東などでテロ事件が起こってもそれほど注目されないのに対して、アメリカで起こったテロ事件は世界的に持続的に報道されつづけているのです。このことの意味について、もう少し考えてみましょう。

国際的な連帯感の断絶

アラブ研究者の岡真理が、二〇〇一年アメリカの「9・11」のあと、「私たちは何者の視点で世界を見るのか」という印象的な文章を書いています。

「二〇〇一年九月一一日、ニューヨークの世界貿易センタービルが攻撃を受け、崩壊し、一瞬にして数千人の命が奪われたとき、あるメディアはこの出来事を、人間の歴史に長く記憶されるであろう悲劇として報じた。アメリカの歴史、ではない。人間の歴史、である。(…)日々、世界に流される、犠牲者の死をめぐる具体的かつ詳細な報道によって、たしかに、数千人の命を一瞬にして見舞った死という出来事が、世界の人々に共感を呼ぶ出来事として共有されたと言えるだろう」

しかし一方で、パレスチナ難民キャンプで起こった度重なる虐殺については、

「それらの出来事は決して、人間の歴史に長く記憶される悲劇として認識されてはいない。（…）まさにそれゆえに、つまり、出来事があくまでも「彼らの」出来事であって、「私たちの」出来事として記憶されないがゆえに、パレスチナ人はその後も、虐殺され続けているのではないだろうか」（岡二〇一二、一〇八頁）

この文章は、その後の展開を思うと、予言的であるとすらいえます。テロリストを退治するということで、アフガニスタンに爆撃が行われました。その際、「誤爆」や戦闘の巻き添えで、何千人もの人が殺されました。「9・11」の犠牲者への毎年の追悼、また日本を含む世界各地での追悼式の報道と、アフガニスタンでの犠牲者への無関心のギャップは目がくらむほどです。アフガニスタンで医療支援や生活条件の整備に長年取り組んできた中村哲は、次のように述べています。

「二千数百名のニューヨークのテロ事件の犠牲者に対する悼みの声は世界中で聞かれました

けれども、アフガンの空爆による犠牲者を悼む声というのは、ごくわずかしか聞かれませんでした。私が言いたいのは、先進国の人であろうが発展途上国の人であろうが、人の命の重さには変わりがない、ということです。先進国には、空爆下のアフガンの民衆への想像力があまりにも欠けていたのではないかと思いました」（中村哲二〇〇六、四〇頁）

日本でも、湾岸戦争やアフガニスタンへのアメリカの攻撃、また同じく「9・11」への反応として起こされたいわゆるイラク戦争の際、しきりに上からの、いわば落とす側の視点である「空爆」という表現が使われていたことは、象徴的でした。日本語では、落とされる側の見方に立つときは、東京大空爆といわず、東京大空襲というように、「空襲」という言い方を使えるはずです。

同じように見方を転換する例として、金子みすずの詩があります。

「朝やけ小やけだ／大漁だ／大ばいわしの／大漁だ。
はまは祭りの／ようだけど／海のなかでは／何万の／いわしのとむらい／するだろう。」

上から見ると、大漁でたくさん取れたというわけですよね。でもイワシの視点になって見ると大量虐殺である。つまりどこから見るかによって同じ現象でも見方が全然変わってしまいます。

アメリカで起きた事件についてはいわばイワシの視点に立つのに対して、中東や西アジアでの出来事については漁師の側に立つような視線が自明視されるような連帯感の偏り、断絶には何か問題があるのではないでしょうか。

英語の問題としての「9・11」

とはいえ、アメリカの出来事がとくに広く世界的に伝えられることは、大国アメリカの影響力ゆえ、当然と考える意見もあるかもしれません。しかし、まさにそこにテロの背景があると考えることもできるのです。英語学者の森住衛《もりずみまもる》は、次のように述べています。

「私が思うに、あの事件［9・11］の遠因は、というより、根本的な原因は、権力やイデオロギー、あるいは政治力が一極集中したことに対する反発にあります。Globalization（グローバル化）がAmericanization（アメリカ化）になってしまったことに対するイスラム圏の反発です。もちろん、あのような無謀な行動を擁護する気は毛頭ありませんが、なぜあのようになったかの原因を考えると、文化や思想、政治の一極集中にあるのです」（森住二〇〇四、一一六頁）

つまり、「9・11」という事件が起こった背景はいろいろ考えられますけれども、根本的なところに、アメリカへの一極集中に対する反発があったのではないかということです。なぜよりによって世界貿易センタービルや国防総省を攻撃したのかを考えると、偶然とは思えません。そこを狙ったのは、それなりに思うところがあったわけで、今のグローバルな経済体制やアメリカの軍事力支配に対する反発があって、その反発が過激化していって、ああいうテロ行為に出てしまうほどになってしまったと考えることができるということです。

そして森住は、それがコミュニケーション、さらには英語の問題につながると指摘しています。

「[互いの] 理解ができなくなっているがために起こったのが9・11事件なのです。コミュニケーションができなくなった、つまりことばがキレタ状態になった」（同上）

ふつう何か問題があると、私たちはどうするかというと、文句をいうとか、とりあえずことばで表現します。ところが、伝える手段がないときにどうするかというと、実力行使に出る可能性があるわけです。「9・11」というのは、完全にコミュニケーションが切れた状況で実力行使をしたということだろうと思います。暴力は、ことばによるコミュニケーションが成立しないところで起こるのではないでしょうか。つまり、コミュニケーションが完全に切れている、できない状況のなかで、ああいう悲惨な行動を取ったということは、ある意味ではコミュニケーションの問題と考えることもできると思います。

このことを私が肌身で感じたのは、私の子どもが三歳くらいのときの出来事でした。私と妻が話をしていました。そうすると、子どもが、「ねえ、ねえ、ちょっといい」とかいってくるのですけれども、「ちょっとまって、あとでね」とかいって、ずっと話しつづけていたのです。そうすると、子どもは突然、そこにおいてあった私の本をビリッと破ったのです。小さいとはいえ、そんなこと絶対悪いってわかっているし、やっちゃいけないとわかっている。ふだんはそんなこと絶対しないし、後にも先にもあのときだけでしたけれども、いつまで経っても相手にされないので、子どもは、どこまで自覚的かわかりませんが、本の紙を破ったら注目されるにちがいないと、そういうことをやったのでしょう。そのことに思い至ったとき、テロリストの気持ちが少しわかった気がしました。

なぜかというと、子どもは私が本を大切にしていることはよくわかっているわけです。この父親はいつも本を読んでいるから、この人を振り向かせるのは本を破ることだろうというのを、小さいなりに本能的に思ったのだと思うのです。それで、本を破るという「テロ行為」に出たわけです。なぜそうしてしまったかというと、話しても通じないという絶望感でしょう。一生懸命何度も話しかけているのに、一向に相手にされない。というのは、この「9・11」を起こした人たちの背景にある感覚と似ているのではないかなと思ったのです。

テロはまったく正当化できないことですし、もちろん、そのときも子どもに対しては叱りました。と同時に自分の態度もよくなかったと反省しました。自分が相手にされない、尊重されないという絶望的な状況のなかであのテロが起こるということを、やはり認識する必要がありますし、そのことは、今の私たちが情報を得る流れや、どういう内容が世界に伝わるかということとも無関係ではないと思います。

それがなぜ英語にかかわるかというと、問題の背景にある一極集中をささえている要素の一つが英語の国際的な流通だからです。私たちが英語を学んで情報が英語を通して流れるということは、英語圏からの情報が流れやすいということでもありますし、それ以外の地域についても英語圏の見方を通して見ることになりやすいということでもあります。また英語圏からの情報が広がりやすい反面、非英語圏や英語が得意ではない人は国際的な発信がしにくいことになります。まさにこのような状況に見られるコミュニケーションの格差が、テロの背景にあると考えてもおかしくありません。その意味で、「9・11」は英語と関連してくるのです。

二〇一一年に、イエメンの人権活動家タワックル・カルマンがノーベル平和賞をもらいました。そのときアメリカの記者が、インタビューで、英語を話すように催促したとのことです（朝日新聞二〇一一年一〇月二一日付）。本人が英語は苦手だといったのに、アメリカのメディアは、アラビア語で答えるとメディア・インパクトが弱いといって食い下がったそうです。英語で話さないとニュースに取りあげず、アラビア語での発言を軽視する態度がそこにも出ています。

自分たちの考えが受け入れられないからといってテロを起こすことは論外ですし、テロの背景を言語的な側面だけで説明することができないのはいうまでもありません。でも、英語圏の情報が優先され、英語で発言しないと国際的に注目されないという言論の状況が、国際的な相互理解の妨げになっているということは、おさえておく必要があります。

英語の「安全神話」の崩壊

英語への一極集中と関連して、「9・11」が英語と関係するということにはもう一つの側面があります。アメリカ政府・議会が設置した委員会による「9・11委員会報告書」（National Commission 2004）を見ると、言語に関する言及が何回か出てくるのです。そのなかで、テロ情報を事前に把握することができなかった背景にはアラビア語など現地語能力の欠如があると指摘されています。英語ではない言語で情報が提供されても現地のＦＢＩ（アメリカ連邦捜査局）捜査官が理解できなかったために見逃していたということも具体的に記されています。そして、すでに「9・11」以前にＣＩＡ（アメリカ中央情報局）には外国語能力の欠如を解消するための提言がなされていたにもかかわらず、実行されていなかったとのことです。その背景には、アメリカ社会において外国語能力の意義が十分に理解されていないことと、それによる外国語教育の貧弱さがあります。同報告書には、中東言語が専攻できる大学課程がアメリカに非常に少ないことが問題としてあげられています。アメリカ政府は、英語で十分情報を得られると、英語の力を過信していたのです。

別の見方をすると、英語で自分たちの立場を伝えて、アメリカ文化を世界に広めることには熱心だったけれど、他言語を話す人々の声に耳を傾けることにはほとんど関心を払ってこなかったのではないかということです。コミュニケーションは、双方向型でないとうまくいきません。「発信」

ばかりを重視していると反発を買いかねません。人間関係でもそうです。自分のことばかりしゃべっている人は、往々にして煙たがられます。

このように、英語に関しても、その力を過信することによる「安全神話」があったと考えることができます。原発の「安全神話」が崩壊したのが「3・11」だとすると、英語さえできれば世界の情報がなんでも手に入るので安全であるという「安全神話」が崩壊したのは二〇〇一年のアメリカでのテロ事件「9・11」であったといえるでしょう。

これは、「国際理解」を英語に頼りがちな日本にとっても、他人事ではないはずです。日本では、英語さえできれば海外では問題がない、英語さえやっておけば大丈夫、とする英語に関する「安全神話」はまだ健在に見えます。英語教育で「発信型」が強調されるのも、これまで過度に受け身であった姿勢への反省なのでしょうが、積極的に聞く姿勢をもつことも忘れては困ります。

原発と英語の「安全神話」は、どちらも、一つの「便利な手段」に過度の信頼をおいてその限界を看過する点が共通しています。一つの技術や言語が完全ではありえないことを認識し、その限界をしっかり見すえておけば、「3・11」の原発事故も「9・11」のテロも起きなかったはずです。

実際、英語の「安全神話」崩壊後のアメリカは、新たに外国語教育政策に乗り出します。上記の「9・11」報告書で述べられたような言語能力の不足が効率的な情報収集を妨げてきたとの反省から、アメリカ国防総省は二〇〇五年に「国防言語改革への道程」(Defense Language Transformation Roadmap)という文書を出し、国防言語室(Defense Language Office)が設置されました(その後、地域研究を含めた部門として「国防言語及び国家安全保障教育室〈Defense Language and National Security Education Office〉」になります)。さらに、二〇〇六年には幼稚園から職場まで外国語教育を強化する国家安全保障言語構想〈National Security Language Initiative〉が開始されました(船守二〇〇六)。その趣旨説明では、「9・11後の世界」において「アメリカ人は他の言語でコミュニケーションがとれなければならないが、この挑戦に大部分の市民はまったく準備ができていない」ことを認めています(NSLI 2006: 1)。重点言語としてはアラビア語、中国語、ロシア語、日本語、韓国語、ヒンディー語、ペルシャ語などがあげられています。この構想は政権交代後、オバマ政権にも引き継がれました。自国の安全保障の確保という一方的な動機づけのため、対象が戦略的に重要な言語に限られているという重大な限界をかかえるものの、英語一辺倒の限界に他ならぬアメリカが気づきつつある(ように見える)ことは、日本の外国語教育にとっても示唆的です。

三つの言語ができる人のことを、「トリリンガル」。二つの言語ができる人のことを、「バイリンガル」。では、一つの言語しかできない人のことを何というかというと、「アメリカ人」。という冗談がありますけれども、そういうアメリカの問題が「9・11」の背景にあるという反省から、アメリカでも言語が問題になっていることに気づいているわけです。ちなみに二〇一三年からCIAの長官になったジョン・ブレナンは、アラビア語を流暢に話す、カイロ大学留学経験者です。彼がCIA長官になったときには、そういう経歴がかなり強調されていました。

日本では英語力の不足ばかりを気にしているように見えますが、英語による情報収集が不足していたからテロを防げなかったのではなくて、過度に依存していたことが問題だったということは「9・11」の重要な教訓です。

以上見たように、「9・11」には言語的な側面が考えられます。日本で、「9・11」＝二〇〇一年のアメリカの同時多発テロ、と見なされる背景には、ニュースの自国化とともに、アメリカの影響力があります。そしてそのこと自体、実はこのテロ事件の背景にもつながります。権力やイデオロギーや政治がアメリカに一極集中してしまったことに対する反発があり、アラビア語を話す地域の、国際社会に訴えたいことがあるのにことばで伝わらない〝もどかしさ〟が、あのような行動を生み出したという面があると考えられます。また、アメリカがテロ情報を事前に把握することができなかった背景にも、アメリカ政府が英語の力を過信していたということがありました。もちろん、ここでとりあげた背景はあくまでも全体像の一側面にすぎません。しかし、言語的側面を無視するのは妥当ではないでしょう。

では、「9・11」の言語的側面は、特殊な事例でしょうか。それとも国際語としての英語の影の部分を露呈している氷山の一角なのでしょうか。第1部の次章以下の各章では、ここで浮かびあがってきた三つの問題、すなわち情報の流れの偏り、国際語としての英語への過信、そして前提としての言語能力の格差について、それぞれ見ていきたいと思います。

《コラム2》外国語教育から見た安保法制論議の落とし穴

第2章では、外国語教育と安全保障の関係が浮かびあがりました。二〇一五年に日本の国会で可決された安全保障関連諸法も、外国語教育の観点から考えることができます。

これらの諸法案が国会で審議されていたとき、賛成派は「平和安全法制」と呼んだのに対して、反対派は「戦争法案」と呼んでいました。そして賛成派が、反対する人たちは平和ボケしていると批判すれば、反対派は、この法案は日本を戦争に巻き込むものだと反論していました。どちら側も好意的に見れば本気で論争していたのでしょうが、これらの論戦を聞いていると、じれったさを感じてしまいました。議論がかみ合っていないことが多かったからです。議論がかみ合わないことは論争ではよくあることです。でもこの件で、言語社会学の研究者としてとりわけ歯がゆさを感じたのは、このかみ合わなさが日本の言語事情、とりわけ外国語教育のあり方と関係していると思えてならなかったからです。

賛成派は、新しい安保法制が必要な理由として安全保障をめぐる国際情勢の変化をあげ、その際、イランや北朝鮮、中国、ロシアなどの近年の動きを主に念頭においているとのことでした。こういった「脅威」に対抗するためにアメリカとの連携を強化する、というのが基本的な発想となっています。

ここに見られる、「(仮想)敵」と「味方」の単純な二分法は、見事に言語と対応しています。つまり、英語国アメリカ(やオーストラリア)は、何を考えているかわかる、透明で頼りになる存在に見えるのに対して、理解できない言語を話すイランや北朝鮮、中国、ロシアなどは、何を考えているかわからない、正体不明のブラックボックスにしか見えない。だから恐れやこわさが増幅されてしまう。何がなんでもアメリカにくっつきたがり、それ以外の可能性が思いもよらないのは、言語能力の限界に裏打ちされているように見えます(中国語や韓国=朝鮮語の学習者が増えてきたとはいえ、社会的に見れば圧倒的な少数派です)。イランや北朝鮮の核開発や中国の海洋進出、またロシアのクリミア併合はたしかに国際社会の秩序をふみはずしているように思えます。しかし、そもそもこれまでの政治や経済の国際秩序はアメリカ主導で形成されてきた側面が否めません。体制や利害関係が異なる国の指導部にとっては、覇権を独占しようとするアメリカ中心の国際秩序こそ脅威に見えてきたにちがいありません。

日本やアメリカから見て異なる価値観で動いているように見える国の国情や政治的・社会的背景に関する理解を深めて、利害関係の妥結点を探っていく可能性を追究することが持続的な安全保障の前提ではないでしょうか。主観的にどれほど正当性があろうと、一つの見方に凝り固まる姿勢に問題解決は不可能です。国際関係において自国の立場を効果的に主張することをめざすとしても、相手の主張とその背景を知ることが肝心です。そういう努力をおろそかにして、言語文化を通しても慣れ親しんだ、「価値観を共有」するトモダチ国とつるんでいれば安全だというほど、国際社会は甘くないでしょう。ただ対立をあおるように見える法案が「戦争法案」と批判されたのは当然です。

一方、反対していた側にも、違和感を覚えるところが少なくありませんでした。憲法九条擁護を訴えて、「日本を戦争に参加させない」などということは、日本が戦後、一九五〇年代の朝鮮戦争から近年のイラク戦争まで、いろいろな紛争に直接間接にかかわってきたことに無頓着なように見えます。また「戦争はいやだ」というだけでは、隣国の大国化を脅威と感じたり、テロの恐れを感じたりしている人々の不安に正面から答えていることになりません。世界の諸問題に目をつぶって、九条を掲げていれば安心だというのは、あたかも首を砂につっこんで、これで肉食動物にやられないと思うダチョウのように見えます。これでは、国際情勢を見ていないといわれても仕方ありません。

このような態度は、言語的に見れば、いわば「日本語世界」にのみ生きているということができます。世界の平和構築にどのように寄与するのかを具体的に示さないで、日本が戦争に巻きこまれないことをもっぱら主張するのであれば、ご都合主義的な一国平和主義といわれても仕方ないでしょう。

私は非暴力平和隊という、地域紛争の非暴力的解決を実践するために活動している国際NG

Oを支援していますが、それは、この団体が、ささやかながらも、このような態度を乗りこえる具体的な活動を行っているからです。しかし、憲法九条の理念をまさに体現するといえる非暴力平和隊・日本への支援が伸び悩んでいるのは、まさに護憲派における「一国平和主義」の事実上の根強さを物語っているように思えて、残念でなりません。

このように、安保法制をめぐる論点のかみ合わなさは、「英語のみ」と「日本語のみ」という、日本社会を支配する「二重の単一言語主義」が背景にあると考えると、すっきり理解されます。といっても、英語が得意な人は今回の安保関連法案に賛成で、苦手な人は反対である、というようなことがいいたいわけではありません。個々人の言語能力自体の問題というよりは、このような単一言語主義的な言説がそれぞれ、それなりの説得力をもって広がってしまうという構造的な問題があるのでは、ということです。つまり、この不毛な論争の構図は、まさに日本の外国語教育の貧困を反映していると考えることができるのです。

となると、日本語と英語以外の言語世界に目を向けることに、不毛な非難合戦から脱却して建設的な安全保障論議をする糸口があると考えられます。もちろん外国語を学べば必然的に視野が広がるというほど、ことは単純ではありません。しかし、隣国をはじめとする世界の言語を広く学び、文化や社会について理解を深めていくことこそ、回り道に見えて、安全保障の必要不可欠な基盤ではないでしょうか。その点、言語社会学者の鈴木孝夫の次の指摘は鋭いところをついています。

「どうも現在の日本は、自国をとりまく外の世界から必要な情報を、偏りなく充分に蒐集する能力に欠けるところがあると言わざるを得ないのではないか。日本の対外情報蒐集の社会的なしくみのどこかに、構造的な欠陥がある」（鈴木一九八五、一一六頁）

鈴木はさらに、「防衛が軍事力によってのみ行われると考える所に、今の日本の盲点があるのだ」（同、一一五頁）と述べています。

この提言がなされて三〇年経ちますが、いまだ何も変わっていないことに愕然とします。冷戦後、世界の多極化が進んでいるのに、日本の言語教育はいまだに旧態依然と英語一辺倒になっています。安保法制の賛成派も反対派も、日本の安全保障上のリスクを低くすることを主張しているのですが、国民の大多数が日本語のみの世界を生き、外国語教育といったらほぼ英語だけ、という現状こそがきわめてリスクが高い、危ない状況なのです。

日本では通常、外国語教育はあまり安全保障と関係するとは思われていないようですが、そういう考え方こそが議論を袋小路に追い込んでいる一因ではないでしょうか。いうまでもなく外国語教育は安全保障論の一側面にすぎませんし、安全保障も外国語教育の一側面にすぎませんが、地に足のついた議論をするための前提であることは間違いありません。日本の外国語教育がもっとしっかりしていれば、もっと実りある議論ができたのでは、と思います。

3

「自国化」による情報伝達の屈折

前章で、アメリカの「9・11」追悼式をなぜ日本でも例年、報道するかにふれました。ここでは便宜上、国単位で考えることにしますが、どの国も、自国での関心に合わせたニュースの取りあげ方をします。国際ニュースを取捨選択する際に自分の国にとって意味があること、あるいは自分の地域にとって関心のあることを選んで伝えるのです。その国の人々にとって関心をひくであろうように出来事を切り取っているわけです。たとえば、ブラジルに住んでいた知人は、ブラジルのニュースを日本と比べると、同じ地球の同じ日のニュースとは思えないほど違っているといっていました。これは国内ニュースはもちろんですが、国際ニュースにもあてはまります。

本章では、このようなニュースの「自国化」が顕著に表れた例として、福島第一原発事故後の日本とドイツのエネルギーをめぐる相互の報道を取りあげたいと思います。そのうえで、英語圏の「自国化」による偏り（バイアス）が国際語としての英語を通して日本語にも入っていることについて考えてみたいと思います。

ドイツの「フクシマ」報道

まず、これを読んでみてください。

「福島原子力発電所の壊れた建物から煙があがった。（…）この原子力発電所は二〇一一年に地震と津波によって破壊された。メルトダウンと爆発が起き、放射能が環境に放出された。これは一九八六年のチェルノブイリ原発事故以来最大の原子力災害である。日本ではこの災害によって二万人近くの人が亡くなった」

これは二〇一三年七月一九日、ドイツの『南ドイツ新聞』（Süddeutsche Zeitung）に載った、「フクシマで煙」と題した短い記事の一部です。この記事の内容がおかしいことは一目瞭然です。二万人近くの人が亡くなったのは、いうまでもなく原発事故ではなく、主に津波のためです。『南ドイツ新聞』というのは、名前に反して、南ドイツの地方紙ではなく、ドイツの知識人が読む代表的な新聞なので、真面目な新聞です。そこに日本についての記事がこういうふうに載っているのです。ドイツを代表する良質なメディアの一つであるはずの南ドイツ新聞がこのような誤った記事を載せてしまったのはなぜでしょうか。

この記事の情報源としてはロイターと書いてあります。ネットで探してみたら、もっと長い元記事が出てきました。そこでは該当箇所は次のようになっていました。


「(…)二〇一一年三月、大きな地震とそれに続く津波が原子力施設周辺の地域を襲ったことによって一万八千人以上の人が亡くなった。この自然災害によって施設の原子炉でメルトダウンが起こった。これは一九八六年、今日のウクライナにあるチェルノブイリで起こった事故以来、最大の影響をもたらした原子力災害である」(http://www.sueddeutsche.de/panorama/fukushima-dampf-ueber-zerstoertem-atomkraftwerk-1.1724393　二〇一四年一一月三〇日確認)

この元記事にはとくに問題はありません。ところがこの記事を紙面用に短く編集する過程で、「一万八千人以上」が「二万人近く」になっただけではなく、原発事故に結びつけられてしまったのです。これは南ドイツ新聞の編集者の単純なミスなのでしょうか。いや、そうではなく、ここにはまさに「自国化」がゆがんだ形で表れたように思われます。つまりこの間違いは、ドイツにおける東日本大震災に関する報道の基本的な特徴から説明できるのです。

とりわけチェリノブイリ原発事故のあとから原発に関する議論が盛んに行われてきたドイツでは、東日本大震災の報道において原発事故に圧倒的な比重があったことがしばしば指摘されています。

津波や地震はドイツにはないので、そういうことはどうもドイツ人の頭の中に入ってこないのです。原発保有国として、ドイツにおいて関心は何よりも原発事故にあります。ですからドイツ人の間で、「東日本大震災＝福島第一原発事故」という見方が根づいても不思議ではありません。

私は二〇一四年にベルリンで行われた文化政策に関する日独シンポジウムで「東日本大震災後の文化再生のために」と題した報告をしたのですが、ドイツ語版のタイトルでは「二〇一一年の地震と津波（フクシマ）後の北日本における文化生活の再生」（原語：Zum Wiederaufblühen des nordjapanischen Kulturlebens nach Erdbeben und Tsunami 2011 (Fukushima)）と、Fukushima を入れられてしまいました。原発事故とは関係のないことを話したので、福島の話をするんじゃないし、ただでさえ長いタイトルをこれ以上長くするのはやめてくれと現地のドイツ人主催者に伝えたのですが、Fukushima を入れないとドイツ人にはわからない、といわれてしまいました。本節冒頭の記事の誤りも、このようなドイツにおける関心のありかの傾向によって生じたものと考えられます。大震災＝原発事故、と思い込んでいるため、大震災による犠牲者が違和感なく原発事故に関連づけられてしまった、ということです。同じような誤った報道例は他にも何度も見られました。「3・11」後に脱原発を加速化させたドイツにおける脱原発政策への国民の圧倒的な支持は、ここで紹介したような誤報をも生むような、原発事故の過熱報道にも支えられた面があるといえるかもしれません。

日本におけるドイツの「エネルギー転換」報道

ここで浮かびあがる疑問は、逆に日本のドイツ報道はどうなのかということです。ドイツで、日本の原発事故が脱原発政策の推進に決定的な影響を与えたように、日本でも、エネルギー問題を論じる際には必ずといっていいほどドイツがもちだされます。脱原発（この用語自体 Atomausstieg というドイツ語をもとにしているとのことです）をめざす論者が、「ドイツのエネルギー転換に学べ」という論調をとるのに対して、原発維持・推進の論者は、ドイツのエネルギー転換の問題点を強調するのがお決まりの構図になっています。その際、本や雑誌の論を見るかぎり、概して脱原発派のほうがドイツの事情について熱心に勉強しているように見えるのは興味深いことです。脱原発政策の貴重な先例として、いきおいドイツに関心が高くなるのでしょう。一方、原発維持・推進派のドイツに関する言及には、表面的ないし一面的な見方が目立つといわざるをえません。ここでは、先の南ドイツ新聞の誤報に勝るとも劣らない問題を含む記事をとりあげてみましょう。

「ヨーロッパ諸国では、国境を越えた（…）電力・ガスの国際取引が行われています。たとえばフランスは、原子力発電所で発電した電力を、原子力発電ゼロのイタリアなど周辺の国々へ輸出しています。一方、ヨーロッパ最大のエネルギー消費国であるドイツは、フランスなどから電気を輸入しています」（電気事業連合会二〇一五、一七頁）

これは、原子力発電の意義を解説するパンフレットの、海外事情に関する記事の抜粋です。ここで書かれていることの一つ一つは間違いではありません。その意味で、明らかな誤りを含む前述のドイツの記事に比べて一見、問題がないように思えるかもしれません。

しかしこの記事では、フランスが原発を多くもっているために電力があり余るほどであるのに対して、脱原発を進めるドイツは電力が不足し、フランスの原発による電力に頼っているかのような書き方になっています。ですが、これは事実とは異なります。そもそもドイツ国内の発電所は、ドイツの電力需要をまかなうのに十分な発電力をもっているのです。よく、日本は島国なので、隣国から電力を輸入できるドイツとは事情が違うという意見が聞かれますが、仮にドイツが島国であったとしても電力供給は大丈夫なのです。

ヨーロッパでは電力市場が国境をこえて自由に取引されているので、国境で区切って輸出入をいうこと自体あまり意味がないともいえるのですが、とりあえず国ごとに区切った場合、たしかにドイツはフランスから電力を買っています。しかしドイツもフランスを含む周辺国に電力を売っているのです。フランスのような原発による大型発電では出力調整が困難なため、それほど電気を使わない時間帯は余剰電力を安く売っています。一方、ドイツが急速に増やしてきた風力発電では、発電量の変動が大きいため、火力発電で補っているのですが、発電量が増えすぎるときは安く近隣に売ることになります。全体としてドイツは電力の輸出のほうが輸入を上回っており、電力輸出国といえます。しかも、福島第一原発事故後に八基の原発を停止して再生可能エネルギーを増やした二〇一二年は、前年に比べて電力輸出量が四倍も増えているのです。例外的に電力輸入が輸出を上回っているフランスに対しても、寒波に見舞われた二〇一二年の冬、ドイツからの電力供給がフランスの電力不足を補いました。

このような全体像を見ないで、原発大国のフランスは電力を輸出している一方で脱原発のドイツは輸入している、と書くことは、意図的な情報操作といわれても仕方ありません。事実に反しない範囲でよくもここまで都合よく情報の取捨選択をするものかと感心してしまいます。

このような書き方が日本の読み手にとってもっともらしく聞こえるのは、ドイツにおけるフクシマ報道の場合と同じく、電気に関する日本での言説パターンから説明できます。すなわち「原発がなければ電気が足りなくなる」という、日本でよくいわれてきた論拠にのっとった文章展開になっているので、やっぱりそうか、と納得してしまうのです。実際、ドイツに関するこのような論調をあちこちで目にした方も少なくないと思います。

他にも、日本でのドイツ報道では、脱原発によって化石燃料に頼る割合が増えて温室効果ガス排出増加につながるといったことや、再生可能エネルギーの増加によって電気料金が高騰することが問題としてしばしばあげられます。だから、発電時に二酸化炭素を出さず、いったんつくってしまえば安く電力供給ができるという原発が優れている、といった論調になるのです。

たしかにドイツは（日本もそうですが）火力発電にかなり頼っているし、電気料金もあがっています。でも、そもそもドイツのエネルギー転換を最初に明確に提唱した文書『エネルギー転換――化石燃料と原子力なしの成長と繁栄』（Energiewende: Wachstum und Wohlstand ohne Erdöl und Uran, Öko-Institut 1980）からして、化石燃料に頼りつづけないことが前提になっています。現在の政策も、再生可能エネルギーでまかなうことができるようになるまでの橋渡しとして、当面の間は原発と火力発電に頼るというものであり、二〇五〇年までに再生可能エネルギーを八割に増やし、温室効果ガスを一九九〇年比で八割削減することをめざしているのです。電気料金については、消費抑制の意図を含んだ電力税が含まれており、わざと高くなっている面もあります。また、かつて原子力の開発・整備に多大な費用がかかったのと同じく、再生可能エネルギーの開発・整備にも初期投資コストがかかるのは当たり前のことです。普及に伴ってコストが低下するほか、いったん発電設備が整えば燃料費の削減（太陽・風は無料）につながることも考え合わせる必要があります。長期的な展望に目を向けずに目前の現象だけをあたかも想定外の大問題であるかのように書く近視眼的な報道が目につくのは残念です。

このように、日本とドイツはエネルギー問題に関して相互に強く参照し合う関係にありますが、その際に、それぞれの国で一般的な、あるいは受け入れられる枠組みにあてはめて報道や紹介が行われる傾向があります。これは相互の事情に関して誤解をもたらす側面をたぶんに含んでいます。このような現象を「自国化バイアス」と呼ぶことができます。

国際ニュースにおける英語圏の役割

自国化バイアスが起こりうるということ、というか、ふつうに起こっていることをふまえて、私たちがどうやって世界のことを知るかを改めて考えてみましょう。まず確認したいのは、当たり前のことですが、私たちが得ているニュースは、特定の情報源をもっているということです。私たちはいろいろなニュースを読んだり見たりしますけれども、その際の情報源の一つは、日本からの特派員などのジャーナリストです。この場合、「自国化」が行われることは先に見たとおりです。これは、日本の読者、視聴者を対象にしている以上、当然のことともいえます。

情報源は自国のジャーナリストだけではありません。通信社が集めた情報に依拠することも多くあります。通信社は世界各地にあり、日本の場合、共同通信などがあります。共同通信は、国際的には、基本的に海外の情報を日本向けに流したり、日本のことを海外に流すということをしています。

しかし、通信社のなかには、国際通信社といわれる通信社がいくつかあります。国際通信社は、第三国についての情報を別の国にまわすということもやっています。そして世界的に見て、国際通信社はどこにあるかというと、ほとんどイギリスとアメリカとフランスに本拠をおいているのです。ということは、私たちが世界に関する情報を得るというときには、フランスもありますが、とりわけ英語圏からの情報を非常に得やすい環境にあるということになります。それと同時に英語圏以外の出来事についても、英語圏、なかでも英米を基盤とするメディアの視点から私たちは受け取ることが非常に多いわけです。先ほど「ドイツの『フクシマ』報道」の節で出てきたロイター（五四頁）は、イギリスに本拠をおく通信社です。また、通信社に限らず「国際メディア」といわれ世界中で売られている雑誌の多くは英米のものです。たとえば、日本でも、本屋に行くと『ニューズウィーク』や『タイム』などの雑誌を売っています。つまり私たちが国際的な視野を得ようとして得る情報は、英米から得ていることが多いということになります。これは英語メディアの影響力の大きさにつながってきます。

メディア研究者の伊藤陽一は、国際ニュースの調査の結果を次のようにまとめています。言語の役割にご注目ください。

「英、米、仏の国際ニュース・メディアは言語によって守られた独占的状況を享受しているのである。独占的状況下においては、自由な参入、自由競争、あるいは自由な選択は存在しない。我々の知見は、アメリカ、イギリス、フランスがロシア、中国、日本、あるいはドイツよりも効果的に自分たちの意見を世界に伝える特権を享受しているということを示唆している。（…）ニュースの流れの量と方向を決定しているもっとも重要な要因と判定された国際通信社の存在は、その独占状態が言語によって保障、あるいは守られている以上『構造的要因』である」（伊藤二〇〇五、一六六－一六七頁）

「構造的要因」というのは、たまたまそういうことがあるということではなく、そういう傾向が持続的かつ広範に見られるということです。英米といっても、とりわけアメリカの影響が大きいです。少し古い情報ですが、二〇〇六年時点で、米国籍の大手五社が、世界のメディア産業の六割を占めていたとのことです（海後二〇〇七、一四六頁）。

近年、自分の職場であった例をご紹介したいと思います。日本を代表する経済団体が、ドイツのジャーナリストを対象に、日本のことを知ってもらうための研修を行いました。その際、ドイツのジャーナリストたちが私の勤めている大学にも来て、議論する機会がありました。そのときに研修のお金は誰が出しているかその団体の事務局の方に聞いたところ、ドイツ側が費用を負担しているということでした。同じようにイギリスのジャーナリストを対象に研修をすることもあるとのことですが、その場合は、お金は、実は日本側が出しているということでした。

この違いは何なんだということなのですけど、要するに言語の違いなんですね。ドイツ語で書かれても、ドイツ人をはじめドイツ語がわかる人にしか伝わらない。それに対して英語で書かれると世界中に配信されます。ということで、英語圏のメディアは特別な地位をもっているということになります。お金をどちらが負担するかということは、あまり本質的な問題でないかもしれませんが、そういうところにも一つの構造的な特徴が見えてくると思います。

英語圏バイアス

英語を共通語として情報が迅速に伝わるのは便利なことです。しかし、たとえば先ほどふれた研修の場合、英語圏の記者は、イギリスなりアメリカなりの記者としての目で日本についての情報を受けとめて書くわけです。そうすると、世界の人たちが日本のことを知るときには、英米の目線を通すことになる、少なくともその可能性が高いと考えられます。そこには問題がひそんでいます。英語圏も「自国化」を行っていると考えることができるのです。

第一に、英語圏のニュースが優先されやすいということです。たとえば数年前、イギリスのウィリアム王子とキャサリン妃の子ども誕生のニュースが日本でもメディアで大きく報道されました。某動物園で生まれたお猿さんの子どもにまで、その子どもと同じ「シャーロット」という名前をつけるほど。子どもの誕生はどんな子どもであってもめでたいことなのに、王族の子どもを特別視して大きく報道することに疑問をもつこともできますが、そのことはここではとりあえずおいておくことにしましょう。仮に王族の子孫誕生は特別に報道する価値があるとしましょう。しかし君主制の国は他にもいろいろあります。となると、イギリス以外の王族の赤ちゃん誕生のニュースも報道していいはずですが、そんなニュースを見たことのある人はいるでしょうか。イギリス王室の赤ちゃんばかりが世界中で報道されるのは英語の威力なしでは考えられません。

もう一つだけ例をあげましょう。数年前、アメリカで六歳の女の子が誘拐された事件がありました。その事件は、日本のテレビや新聞雑誌でもかなり報道されていました。六歳の女の子が誘拐されたというのは痛ましいことです。しかし疑問を感じるのは、どうしてこの事件が日本でここまで報道されるのだろうかということです。たまたまアメリカでこういう事件が起こったから日本のメディアが飛びついて大騒ぎをしていたのですが、アフリカの紛争地域などで起こった同様の事件を一つ一つとりあげていたらワイドショーがいくらあっても足りないでしょう。二〇一四年、ナイジェリアのボコ・ハラムという集団が二〇〇人以上の女子生徒を誘拐した事件がありましたが、「〇〇ちゃん誘拐事件」として、家族の背景まで詳細にとりあげた記事や番組があったでしょうか。

次は、個別例を離れて、媒体に注目して考えてみましょう。ニューズウィーク誌日本版のウェブサイトを見ると、項目が地域別では「ワールド」と「アメリカ」に分かれています。アメリカは特別扱いで、その他が「ワールド」なのです。日本の私たちが『ニューズウィーク』を読むということは、こういう世界観を知らず知らずのうちに取り入れることになりかねません。

英語圏の情報が多いということだけではなく、視点にも注目する必要があります。再びニューズウィーク誌を例にとると、以前、「世界の目で、世界の今を伝える国際ニュース週刊誌　日本のメディアとは視点が違う」という同誌のチラシがありました。「アメリカの目＝世界の目」ということなのでしょうか。最近も日本版のウェブサイトを見ると、「日本のメディアに満足してますか？」と書いてあって、そのとなりには地球の絵が描かれています。「世界の目」を示唆しているようです（http://www.newsweekjapan.jp/magazine/）。

もっと露骨な例もあります。以前、ニューヨークタイムズ紙が、「それは、もっともグローバルな視点」という広告を出したことがありました。「もっともグローバルな視点」とは何だろうと思ったら、そのあとに「アメリカ経由で世界を見る」とありました。たしかにアメリカの見方は、一つの見方として知っておくとよいと思います。でも、アメリカ経由で世界を見ることが「もっともグローバルな」見方といわれると、ちょっと待った！といいたくなります。

同様に、タイム誌のチラシには、「欧米ジャーナリズムの定番であるＴＩＭＥの講読は、国際的な視野を養うための身近な方法です」とあります。さらに、「正しく美しい英語を学べて国際的な教養・見識を身につけるためのツールとしてご活用いただきたいと思います」とのことです。「正しく美しい英語」についてもつっこみたくなるのですが、それは第2部にとっておくことにします。

ここでおさえておきたいことは、私たちが国際的な見方を身につけるために、「定番」の英語メディアに接するときは、基本的にアメリカをはじめとする英語圏の視点から見た世界のニュースを知ることになるということです。海外のジャーナリズムに接することは、日本とは違った視点を得るために有意義であることは疑いがありませんが、タイム誌の宣伝文句を真に受けて、欧米ジャーナリズムを理解するにはアメリカのものを読めば十分で、アメリカの視点に接していれば国際的な教養や見識が身につくと思い込んでしまったら悲劇です。

先日、海外出張の機内でニュースを見ました。日本の航空会社に乗ったのですが、ＮＨＫの他に提供されていたのはイギリスの BBC World News のみでした。これがいわば「国際的」なニュースということでしょう。この日の同放送でとりあげられていたニュースは第一が、ヨーロッパ連合（EU）首脳会議でのイギリスの首相の動静、次がイギリスの基地からのリビアへの「空爆」でした。BBCは客観的な報道をするという定評がありますが、とりあげている題材は当然、イギリスに関係する出来事が優先されるわけです。

英語で読むメディアではまだ英語圏の見方であることに自覚的になりやすいかもしれませんが、日本語メディアにも国際通信社や英語情報の取り入れによって、英語圏の視点が取り入れられていることは気づきにくいかもしれません。このように英語圏の視点に接しつづけるうちに、英語圏の英語が「正しい」だけではなく、コラム2で述べたように、内容的にもアメリカなどの見方が「正しい」と思えるようになっても不思議ではありません。言語学者の永井忠孝は、次のように指摘しています。

「英語の勉強のつもりでCNNやBBCを見ることは、実はアメリカ目線、イギリス目線による世界の見方を勉強しているのと同じことなのである。誰かの目線で世界を見るということは、その誰かの文化・価値観や外交・経済・軍事政策などに共感する度合いが高くなりやすいということだ」（永井二〇一五、一〇一頁）

英語圏＝世界？

以上で確認したことは、国際ニュースの発信側として英語圏の出来事が多い、また英語圏の視点になりがち、ということでした。これが「英語圏バイアス」です。もちろん英語圏の統一的な視点などがあるわけないので視点の問題は実際はもっと複雑ですが、英語圏にかかわることが優先される傾向は確認できるでしょう。しかし問題はここにとどまりません。英語のみに頼ることがさらに進むと、情報を受け取る側でも、英語圏が「世界」と同一視されてしまうのです。

しばらく前に新聞にこういう提案が載りました。「グローバル化への国家戦略　英語圏に高校生一〇万人派遣を」という提案です（「私の視点」欄、朝日新聞二〇一〇年七月二九日付）。提案者は次のように述べます。

「日本復活のために英語が最も身につく年代である高校生を英語圏に一〇万人派遣する国家プロジェクトを提案したい。一〇年たてば世界の現実と文化を体感した一〇〇万人の留学経験者が生まれる」

一読して気になることはありませんか。そう、「英語圏」に一〇万人派遣することを通して「世界」の現実と文化を体感できる、という発想です。英語圏に一〇万人を派遣することは素晴らしいと思うのですけれども、それで世界の現実と文化を体感した気分になるとしたら恐ろしいことです。英語圏＝世界ではないのです。だけど私たちはしばしばそういった見方に出会います。

もう少し例をあげたいと思います。数年前に、「ワールド留学フェア」についての広告が電車内にありました。「世界六か国から学校関係者が来日するビッグイベント」とのことでした。どこの国が参加しているかというと、アメリカ・カナダ・イギリス・オーストラリア・ニュージーランド・アイルランド。これが「世界（ワールド）」なのです。実際、日本学生支援機構の調査によると、ヨーロッパに関する二〇一四年度の大学生の留学先は、イギリス（六八六四名）が、ドイツ（二七六八名）とフランス（二七三八名）を足した分より多いとのことです。このような偏りは、政治、経済、文化、技術など、どの側面からも首をかしげざるをえません。英語圏への派遣留学生の数が不足していることよりも、英語圏に偏っていることのほうが問題ではないでしょうか。

次の例は、「世界の先生は大学院卒の時代」という、これも車内広告です。「世界の先生」というのは何かというと、あがっている数字は「日本九％、アメリカ五九％」。つまり「世界」とはアメリカのことだったということです。日本も残念ながら「世界」の一員ではありません。先ほど、「アメリカ」と「ワールド」という区分を取りあげましたが、ここでは「アメリカ＝ワールド」になってしまっています。野球の「ワールドシリーズ」（この名称もどうかと思いますが）じゃあるまいし。

こういった観点から面白い題材を豊富に提供してくれるのは、英会話学校の案内です。うちは小学生の子どもがいるので、よく子ども英会話の案内がきます。いくつかご紹介しましょう。

あるチラシには、「こども英会話　世界が見える」とありました。どういう世界が見えるかを、いくつかのチラシから紹介したいと思います。まず、「講師は全員ネイティブ、レッスンは全て英語で英語圏の文化をそのまま感じ取ることができます」。世界とは英語圏なのです。ですから、「世界で活躍する〝未来のリーダー〟のための」こども英語塾では「英語圏の文化をまるごとそのまま！　ネーティヴ講師」が登場します。こうして「世界中〔原文のママ！〕の文化に自然に触れられる」ので「豊かな国際感覚が身につく」というわけです。

「国際理解」をうたう英語教材では、「始めるなら今！（…）マザーグースはここがいい」とあります。「マザーグースはイギリスやアメリカで昔から歌い継がれてきたわらべうたのことです。子どもから大人まで幅広く親しまれ、英語を母国語とする人々の知識や教養の基盤となっています」。つまり、みんなマザーグースを覚えて英語圏の文化を身につけましょう、それが国際理解につながります、ということです。別のチラシには、「Hello to the World　英語となかよし」とあります。ここでも世界が英語を話すということになり、「ナーサリーライム〔童謡、わらべうた〕を通して英語圏の文化、歴史的背景などを知ることができます」とのこと。英語圏のわらべうたによって世界を理解しましょう、ということです。もう一つ、「読み書きも、欧米のこどもが英語を覚えたのと同じやり方。欧米の雰囲気あふれるワークブックで、楽しみながら習得します」とあります。「国際理解」のために開発したカリキュラムのなかでやることは、「バレンタインやハロウィン、クリスマスなど英語圏の行事」だったりします。

「欧米の雰囲気あふれるワークブック」は私は別に嫌いじゃありません。でもそれで世界を理解したつもりにはなってほしくないですね。同じように、マザーグースを覚えることは悪くないですが、それで世界的な教養を身につけたとも思ってほしくないです。また、ハロウィンはたしかに「ちょっぴりこわいけど楽しい」（英会話学校チラシより）と思いますが、こうやって「英語の世界」に親しむことで「国際的な」感覚を身につけたという錯覚に陥ったら、子どもがかわいそうです。アメリカと日本の深い関係からしても、アメリカの文化を知ることは意味が大きいと思うのですが、肝心なことは、それだけが世界ではないということを理解しているかということです。そこを勘違いしている傾向が依然として強いように思います。

それで、以上紹介したような短絡的なおめでたい発想が目につくことになります。このような現状については、英語教育の関係者からも、英語教育を国際理解の一環として行う枠組みがはたしていいんだろうか、という問題提起がされています。

「国際理解の一環として英語〔教育〕を行うという枠組みは、国際的に見ても非常に変わったものとなっている。（…）〔自治体で聞き取り調査をしたとき〕英語が母語であるか日常語である（つまり、英語圏の植民地だった）国々の講師は訪問してほしいという要望が増え、英語が日常語でない国の講師は訪問できる学校が減るという現象が起きていた。（…）英語圏の支配を受けなかった国を結果的に軽視していくような枠組みは、日本の国際理解が目指すべき方向とはむしろ逆

行している」（恒吉二〇〇六、六－七頁）

つまり国際交流しようというときに、あそこの国の人はあまり英語ができないから来てほしくないとか、あるいは日本語ができる人でも英語をしゃべってほしいとか、そういったことを要求するのは、英語教育としてはわかるのですが、国際理解ということからすると、これでいいのかという疑問が生じてしまうのです。

これは決して英語教育だけの問題ではありません。たとえば、日本の首相が「国際公約」をしたというときに、誰に約束したかというと、その前に日米首脳会談をやった、ということがありました。それをもって世界に対する公約だというわけです。友好国（親分？）のアメリカに約束したといえばいいと思うのですが、それを世界だといっておかしいと思わないところに問題がひそんでいる、ということがここで提起したかったことです。

以上、見てきたように、世界の情報の流れは、現実として双方向的ではありません。よく国際理解といいますが、誰が誰を理解しているのかというのは、難しい問題です。一方的な情報の流れの背後には言語の格差があって、要するに強い言語、大きい言語から小さい言語に情報が流れていくけれど、逆はあまりありません。そうした場合に、主に英語圏の情報、見方が優先的に、しかも「世界」のこととして発信・受信されている状況があるわけです。

日本で見られる困った勘違いについてふれましたが、一方で英語圏のほうでも、「9・11」の例で見たように、英語が通用しやすいということに寄りかかりがちで、そのことによってかえって他地域の状況に疎くなりやすい危険性があるかもしれません。つまり自分たちの言語は通じるという錯覚をもってしまうから、自分たちの言語で自分たちが見た部分や見方を世界の実情と錯覚してしまうということがあるのではないかと考えられます。

まとめてみましょう。現在の国際社会における情報の流れのなかにひそむ危険性として、部分を全体と、特殊な見方を普遍的な見方と錯覚する恐れがあるのです。はじめにとりあげた自国化バイアスと合わせてみると、国際ニュースについては、英語圏の自国化バイアスとしての英語圏バイアスと日本の自国化バイアスが合わせて作用する可能性を考える必要があります。すなわち、ある出来事が国際的なメディアなどによって配信・報道される場合、まず英語圏バイアスがかかり、それを日本語のニュースで私たちが受け取る段階では、日本社会の私たちにとって理解しやすい形にさらに加工されているということになります。

情報が屈折して伝わるということにどのように対応することができるかについては第2部で考えてみたいのですが、第一歩は、偏りに自覚的になって、報道されている国際ニュースが世界そのものではなく、特定の観点から取捨選択して編集されていることを意識することでしょう。自分は英字新聞などの英語メディアも読んでいるから世界情勢には詳しい、と思っている人ほど、世界をどれだけ理解しているかについて謙虚になる必要があるのかもしれません。

4 共通語の限界

前章では、「自国化バイアス」とその延長にある「英語圏バイアス」について考えました。しかし、英語を通して非英語圏の地域について情報を得る際には、もう一つ、別の種類のバイアスが加わります。それは「共通語」というものの性質にかかわるものです。私がこの種類のバイアスの存在について意識するようになったのは、学生時代、少数民族の調査をはじめたときでした。

ドイツの東部にソルブ人という少数民族が住んでいます。人口六万人ほどとされています。この人たちはポーランド語やチェコ語に近い、自分たちの独自の言語をもっています。周りのドイツ語とはまったく違う言語を話しているのです。はじめてこの人たちの言語を学んだときに気づいたことについてご紹介したいと思います。そのことから、共通語というものの特徴について考えていきたいと思います。少数言語というと、特殊な話と思われるかもしれませんが、ソルブ語とドイツ語の関係から、普遍的な問題が浮かびあがってくるのです。

ことばが通じれば理解し合える？

ソルブ人は、オリンピックのメインスタジアムにまるごと全員が入ってしまうほど小さな民族です。しかもドイツ語圏の中に住んでいるので、ソルブ語を話す人はみなドイツ語をも問題なく話します。つまりバイリンガルです。ですので、ソルブの人たちと会話をするためにソルブ語を学ぶ必要はありません。いわば共通語が究極まで浸透した状況だと思ってください。つまりソルブの人たちはふだん自分たちの間でソルブ語を話すけれど、周りのドイツ人たちとドイツ語で話すことはまったく問題がないわけです。これを、英語に当てはめてみると、日本人が全員英語をまったく不自由なく使えるような状況です。そのような状況は英語の場合、あまり想定できないのですが、この地域の共通語としてのドイツ語についてはそうなっています。

では、この地域でドイツ語でどういう情報が伝えられているか、ソルブ語でどういう情報が伝えられているか、見ていきましょう。ここでご紹介するのは、私が現地調査を行ってきたあるソルブの村についての紹介冊子です。この冊子は全頁すべて、ドイツ語とソルブ語が並記してあります。ですからドイツ語だけを読む人は、同じことがソルブ語でも書いてあると思うかもしれません。でも、そうではないのです。表紙をめくってみましょう。最初の頁に村長のあいさつが載っています。ドイツ語版とソルブ語版から典型的な文を引用します。

「〇〇〔村のなまえ〕では何百年も前からソルブ人とドイツ人が、私たちの二言語〔ソルブ語とドイツ語〕を使う故郷の繁栄のために共に働いています」（原文ドイツ語）

「私たちの祖先が見せてくれた模範は、今日の私たちにとってソルブ民族の存続のために全力をそそぐ責任を自覚させます」（原文ソルブ語）

ドイツ語版では、故郷の繁栄がうたわれていますが、ソルブ語版では、民族の存続への思いが述べられています。ソルブの人々の民族的アイデンティティの表明は母語であるソルブ語でしかなされないことが多いのです。ですから、ドイツ語だけ読むのとソルブ語をも読むのとでは、まったく異なった情報やニュアンスに接することになります。

この例に限らず、こういった民族意識にかかわる情報は通常、ドイツ語では表現されません。たとえばこの地域はカトリック教徒が多いのですが、教会に行くと、聖歌集もドイツ語とソルブ語の両方置いてあって、ドイツ語の場合はいわばふつうの、神への賛美の歌なのですが、ソルブ語の場合はソルブ民族を守ってくださいという歌などがあるわけです。それをドイツ語で歌わないのが、圧倒的多数のドイツ人と平和に共存するためのソルブの人たちの知恵かもしれません。

さて、冊子では写真に説明がつく形で村を紹介しているのですが、たとえばある建物の写真についてどういう説明がつけられているかというと、ドイツ語では「昔から写真を撮るのに人気の場所」と書いてあります。これは観光客向けの情報です。それに対してソルブ語で何と書いてあるかというと、「一七四一年に建てられた、コパチ家の建物」と書かれているのです。ソルブの人にとって、この建物が観光客に人気かどうかよりも興味深いのは、コパチさんの家が一七四一年に建てられたということでしょう。逆にドイツ人の観光客からすると、コパチさん云々はどうでもいいことです。

もう一つ例を見てみましょう。ある写真では、子どもたちに展示物を見せている初老の男性が写っています。ここではドイツ語では、「学校にはチシンスキ博物館があります」と書かれています。チシンスキというソルブの著名な作家の博物館があることを観光客は知ることができます。「あ、そうか、学校に行くと展示があるのね」と思うわけです。でも、ソルブ語でその情報を書くのはまったく無意味です。ソルブの人たちはみんなこの博物館のことを知っているわけですから。ではソルブ語でなんて書いてあるかというと、「ビェトナーさんが生徒たちを手慣れた様子で案内しています」と書いてあります。ソルブの人たちの間には、この男性がビェトナーさんだと知っている人はけっこういます。地元の学校の元校長先生で、地元では名士ですから。田舎の先生はだいたい村中の人を教えているからみんな知っているわけです。地域全体が彼の教え子なのです。そういった人が退職後、博物館の案内役をやっているんだと知ることがソルブ人にとっては有意義な情報になるのです。

こうして、地域を訪れるドイツ人の観光客は人気の場所で写真を撮ったり、博物館に行ったりするのですが、自分たちの読んだことがソルブ語で書かれた情報とはまったく違うということに気づく人はどれだけいるでしょうか。

ここでご紹介したドイツ語とソルブ語の違いの特徴をもっとも明確に象徴するのが、村の境界を写した写真の説明です。ここでは、同じ場所を説明するのにドイツ語とソルブ語で違う表現をしています。ドイツ語では「村の西の入り口」と書いてあります。では、ソルブ語ではなんと書いてあるでしょうか。「村の西の端」と書いてあるのです。これは何も深く考えてこのように表現し分けているわけではなく、ドイツ語やソルブ語で書くと自然にそうなるのです。自分たちがふだんこの二つの言語を話している感覚として、言語によって見方が違っていて、ドイツ語で村を語るときは外から見ているのです。外の人たちの目線で村を見る。一方、ソルブ語では、自分たちが住んでいる村の中から見ているのです。ある場所をどうやって表すかというと、緯度や経度で客観的に表すことはできますが、私たちが言語化するときは何らかの視点から物事を見ます。そう考えると、前の二つの写真の例もそのように解釈ができます。ドイツ語で書いてあることは外の人向け、ソルブ語は中の人向けです。ドイツ語でいって意味のある情報とソルブ語でいって意味のある情報は違ってくるわけです。ですからドイツ語とソルブ語で同じことを発信するのはほぼ無意味であり、ソルブ語で発信されている内容は、ドイツ語と違う内容で発信されないとこの人たちにとっては意味がない。逆にいうとソルブ語ならではの内容が発信されるからこそ、この人たちは現在までソルブ語を使うことに意味を見出しているのです。

ヨーロッパの只中で二一世紀にもなってこんな小さな言語を使う意味はどこにあるのだろうか、というのが、私がこの地域に関心をもったきっかけでした。言語がコミュニケーションのためだけにあるとすると、早くソルブ語なんかやめてドイツ語にしたらいいじゃないと思うでしょう。そういう疑問でソルブ地域に通うようになって、ソルブ語を実際に学んで使ってみて気づいたのが、ドイツ語とまったく違う情報や社会が見えてくるということでした。

ドイツ人からすると、ソルブの人たちはなんでいまだにソルブ語を使っているのか意味がわからないと思うのかもしれませんが、ソルブの人たちからすると、自分たちの落ち着く空間をソルブ語を使って保っていて、そこに、不安定な流動化する世界のなかで、拠り所をもつことができるという一種の安心感みたいなものを見出しているんだなということが伝わってきました。

ソルブ語を通した人々の結びつきは非常に密度が濃いのですが、それを一種の安全網（セーフティネットワーク）のようにもっていることがこの人たちにとっては安心材料になっています。こういうときよくアイデンティティということをいいますが、アイデンティティなどといっているのは知識人だけで、村の人たちはそんな抽象的な概念ではなく、もっと生活に根ざした形で結びつきを感じているようでした。そういったことはソルブ語による伝え合いのあり方を実際に体験することを通してはじめて実感としてわかってきます。

たしかにソルブの人たちにドイツ語でインタビューすることもできます。でも、ドイツ語ができればソルブの人たちのことが理解できると思ったら大間違いです。まあ、もっともらしいことを答えてくれるでしょう。でもそれは、外向けに語ろうと思うことを聞かせられているのです。外の人にいって問題のないこと、無難なこと、喜ぶようなことをいうわけです。私たちはドイツ人と仲良く共存してますとか、そういったことをいうわけです。

それはたしかに事実ではありますが、ドイツ語だけを使う人の多くは、ソルブの人たちが自分たちの言語や文化にもつ思いに気がつくことはないまま、この地域でソルブ人たちと共存しています。ですからソルブ人が、ドイツ人のいるところでソルブ語を使うと、あえてわからない言語で話していじわるしているのではないかと怒ったりするのです。ソルブ人としては自分たちのつながりを慣れた言語で確認したいだけなのに。実は、ドイツ人とソルブ人の間には、見えない溝があるのです。わかりあえていない。

自分たちの言語を大切に守りつづけているからといって、ソルブ人が閉鎖的だと見なすのは当たっていないでしょう。ソルブ人はドイツ語とソルブ語の間を自由に行き来できますが、ドイツ人はドイツ人側からの見方しかわからないのですから、自分たちの世界にのみ浸りきっているのはむしろドイツ人のほう、ともいえます。思っていることは何でもドイツ語でドイツ人に伝えればいいのではないかという意見もあるのですけれど、こういう小さい民族が日常のドイツ人との関係のなかで直接に主張を始めるとむしろ反発を招きかねないので、そうした愚かなことをしなかったからこそ、今日まで生き残ってこられたとも考えられるのです。

内側の視点と外側の視点

ソルブの人たちの例が示すことは、共通語でことばが通じるからといって理解ができると思ってはいけないということです。これは、決して少数民族の特殊事情ではありません。もう一段階大きくとらえると、同じことが特定の地域や国を理解するときにもいえます。たとえば、ドイツ（語圏）の情報は英語でも得ることができますし、ドイツ人のなかには英語で問題なくコミュニケーションがとれる人も少なくありません。しかし英語による情報が、往々にして外向けに取捨選択され加工された情報であることはおさえておく必要があります。

私たちが海外向けに日本を紹介するときを思い浮かべるとよいでしょう。私の経験でいうと、近年はほとんど海外でしか折り紙をやったことがありません。浴衣も、ドイツに住んでいたときのほうが着ていたくらいです。またドイツでうちに客が来たときはほぼ必ず寿司をつくりましたけど、日本のわが家で寿司をつくることはめったにないです。下手すると、ドイツに住んでいたときのほうが寿司を食べる頻度が高かったかもしれません。ドイツでうちに来るお客さんが日本について期待することに合わせようとすると、こういうことになります。そうすると、向こうの人からすると、日本の人は寿司を食べるというイメージがどんどん膨らんでいくわけです。私たちが外部に向けて紹介したいときは、外側の視点を念頭において、そういった「日本的な」側面をとくに強調しがちになるから、海外の人は日本に対してさらにそういうイメージをもつようになっていきます。

外向けの紹介に関する有名な例として、新渡戸稲造の『武士道』という本があります。この本を読んだときに違和感をもったのを覚えています。日本のことを書いてあるのに、日本で生まれ育った私にとって、「えっー？　そうなの？」ということが多くありました。これは、時代が変わったということもあるでしょうが、それだけではないでしょう。この本はもともと英語で書かれています。アメリカ人に向けて書いたのでアメリカ人に向けて伝えるためにはこう書くべきだという書き方で書いているわけです。ですので、日本で私たちが知っている理解の仕方とはだいぶ違うのです。要するに、アメリカ人にとって、よりなじみがあるヨーロッパ的な騎士道というイメージに乗っかって武士道について語っているので、日本人が読むと相当な違和感があるのです。海外の人が日本をそれで理解したことにしてしまっていいんだろうかと思います。

内側の見方と外側の見方の違いを意識したときに、私たちが世界をどう見るかということに話がつながります。以下では、ソルブの話から離れて、共通語のなかでも、国際語に焦点を当ててみたいと思います。

外からの視点では見えないもの

情報収集に関して考えると、英語で英語圏以外の地域のことを知ることは可能です。世界のどんな地域についても英語の情報を見つけることができるでしょう。ただしその際考えなくてはいけないのが、それは外からの見方、あるいは外向けの情報ではないのかということです。情報を得る際に、私たちは往々にして、共通語としての英語、あるいは英語を介した日本語情報に頼るしかないことがあります。そもそも情報を得られるだけありがたいことです。しかし気をつけるべきことは、現地語ではない、共通語による情報で現地のことがわかったつもりにならないということです。

一つ、わかりやすいたとえを使ってみましょう。次頁の絵はご存じでしょうか。授業で見せたとき、「エアーズロックを遠目から見た感じ」といった学生がいたのですが、これは『星の王子さま』という話に出てくる絵です。この話の中では、こういう絵を描いたら、みんなこれは帽子だというのですが、描いた人は象をのみこんだ大蛇として描いたのです。でも、誰も理解してくれなくて、帽子としかいってくれない……。私たちが外から見ている状況というのは、ひょっとするとこういうことかもしれません。中から見るとなんと象がいたということが往々にしてあるということです。具体的な例をいくつか出してみたいと思います。

アフガニスタンに従軍していたイギリス軍大尉が自分の経験に基づいて書いた博士論文にあった例です（Martin 2014）。その人は、パシュトゥ語というアフガニスタンの言語を勉強していたため、現地でいろいろな人に実際に聞いてまわって情報を得ることができました。そうしたら、自分たちはタリバーンを掃討するためにアフガニスタンに来ていたはずなのに、実は、タリバーンが戦闘相手ではなくて、部族対立など内紛の対処に使われていたということが見えてきたというのです。新聞やテレビではアメリカ軍やイギリス軍がタリバーン掃討作戦を行ったと報じていたのですが、現

これはなんでしょう？

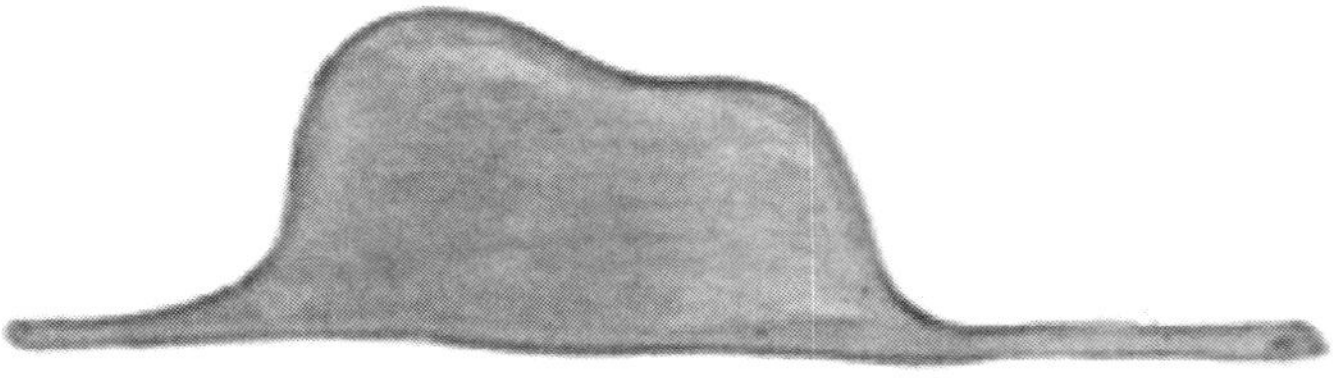

外からは見えない内実！

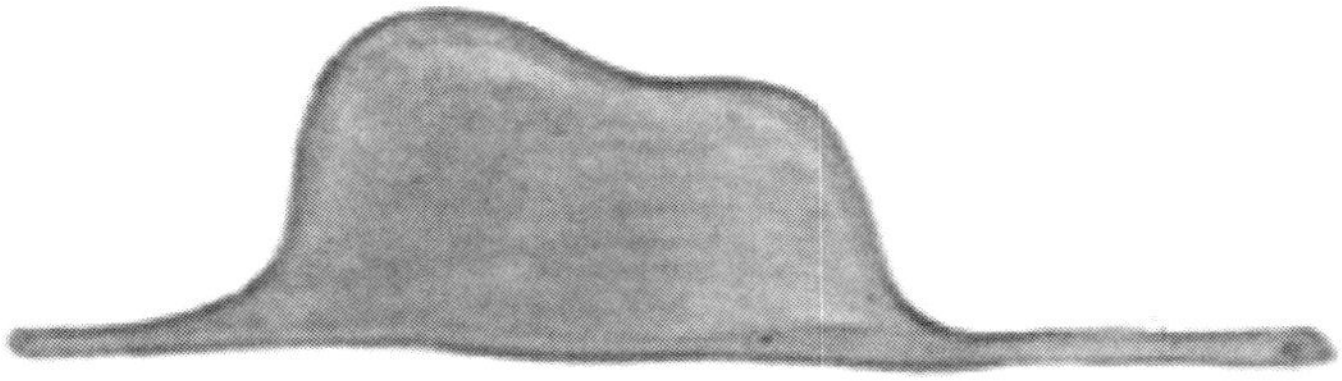

出典：サン＝テグジュペリ（内藤濯訳）『星の王子さま』岩波書店、1990年〈第66刷〉、8、9頁

実を見てみると、そんな明確な構図ではなく、アフガニスタンの内情はもっと混沌としているようです。

外から見た状況と内部事情が異なる例をもう少し見てみましょう。ある日本人ジャーナリストが次のように報告しています。

「ある日、自爆テロを起こして死んだパレスチナ人の女性弁護士の遺族に会いにいった。先客のアメリカのテレビ局が取材中は、母親は『娘は英雄だ』と『パレスチナの大義』を朗々と述べるが、カメラが回っていないところではおいおい泣いていたと、通訳のパレスチナ人から聞いた。外国メディアにはそういう姿を絶対に見せない。外向きには、『大義』がすべてだからである」（堀内二〇〇七、四二頁）

記者が、自爆テロを起こした人の遺族に会いに行くわけです。そうすると、テレビ局が家の前でカメラを回してインタビューしています。そこでお母さんが、娘は英雄だったとか、パレスチナの大義はこういうものだとかいうのです。そのお母さんの言葉がニュースとして外国で流される。そうすると、パレスチナの人々は自爆テロを肯定するというイメージを私たちは受けます。ところが実際は、カメラが回っていないところでは泣いていたというのです。メディアで見せていたことは完全に外向きだったのです。たしかに本人が語っているわけだから本人がそう思っていることは間違いない、といって私たちは情報をうのみにしがちではないでしょうか。

第二次世界大戦中の日本についての文章で、同じような文章を見つけて驚きました。

「私の母が戦死の公報を受け取っておりましても、いささかも悲しい素振りをしないわけですね。むしろ誇らしげに対応しておると。私、小さいときでありましたけれど、非常に妙な思いをしておったんでありますが。二言三言、そのお役人さんと話を交わして、そのお役人さんが帰られた後、突然納屋のほうに行きまして、縁側で私の母はうずくまってしまったわけであります。そういう突然の慟哭に、私は何か怖いような思いをして、何となく悲しくてしがみついたという、そういう記憶が私の中に鮮烈にございます」（山田二〇一四、一九六頁）

先ほどのパレスチナの話ときわめて似ています。では、こういったことは、今の日本ではもう過去の話かというと、そうではありません。東日本大震災のときに、外国のジャーナリストが被災した人にインタビューして、気持ちどうですかと聞くと、まぁがんばるしかないですよ、と答えるわけです。そうすると、家族を亡くして家もなくしているのに、なんで感情がないんだろうと思いかねません。ところが、ある被災地の市長さんが、カメラの前では泣かないんですといっていました。もちろん悲しいし、家で泣くこともあるだろうけれども……。それで海外では、日本人は何があっても自然と受けとめて、淡々としているという報道になってしまいます。

国際ニュースの三つのバイアス

以上考えてきたことを、前章で見たこととあわせると、私たちが英語を介して世界に関する情報を日本で受けとる際は、その情報は三つのバイアスを経て私たちのところへ来ていると考えることができます。まず、国際ニュースを日本語で受けとるときには、自分たちに意味のあるニュースを選択し自国に発信させる日本の自国化バイアスがあります。また、現在私たちが得る情報は英米発の場合が多いので、そういう場合、英米の視点から国際情勢を見るということがあるでしょう。そこでかかわってくるのが英語圏バイアスです。さらに、国際語で得られる情報は外向けのもの、つまり共通語に載せられた情報である可能性が高いわけです。ですから、それは内部の視点そのものではありえないわけです。これが国際語バイアスです。

誰がどういう視点で伝えるかによって情報にバイアスがかかることは必然ともいえることですから、国際的にも、異なるバイアスをもつ情報に接することによって多角的な見方にふれることは意義のあることです（第9章参照）。他方、加工された情報や、断片的に切りとられた伝言ゲームのような情報で世界のことをわかったつもりになる恐れがあることも確認しておきたいと思います。前頁の例のように、同じ言語を話す人の間でも「外向け」に伝えられることと内情が異なることは十分ありえます。ましてや異なる言語間では、その可能性を念頭においておくほうがよいでしょう。

5 言語運用力の格差

ここまで見たような、国際的な伝達や情報流通の問題の前提となっているのが、言語能力が不均衡に分布しているということです。ここでは、とりわけ英語運用力に見られる格差とその意味について考えていきましょう。

「ネイティブ」はここが違う！

本書を読まれる方は、日本語が母語（ないし第一言語）という人が多いと思います。日常使う日本語には不自由を感じないと思いますが、母語でも、「完璧に」できる、と自信をもっていえるでしょうか。日本語で改まった文章を書くのは苦手、という人は日本社会でも少なくないでしょう。逆の場合もあります。私は大学教員をしているので、仕事柄、お堅い文章はどちらかといえば得意なほうなのですが、実は家庭で話す日本語が苦手なのです。私は母親がドイツ人で、日本で生まれ日本社会のなかで育ちながら、家では主にドイツ語を話していました。ですので、学校や社会で使う日本語は問題ないのですが、家庭で使う日本語がよくできないのです。このことに気づいたのは、日本語を話す人と結婚して家庭をもってからです。とくに子どもが生まれたときは困りました。日本語で話しかけようとすると、ぎこちなくなってしまうのです。父親が子どもに「ごきげんいかがですか」とか「今日はどうしましたか」とか聞くのは変ですよね。そのときはじめて、自分の日本語能力には「家庭の言語」、とくに子どもとの話し方が欠落していることに気づいたのです。そこで、子どもとはドイツ語を話すことにしました。今日まで子どもとはずっとドイツ語で話しています。

これはちょっと特殊な例に思われるかもしれませんが、日本で生まれ育ってずっと日本語を話している人であっても、どのような日本語がどれだけできるかは人によって異なるでしょう。サラリーマンに、やくざのように話してといったら、多くの場合あまり迫力のないやくざになってしまいそうです。また、おばあさんに女子高生のように話すようにといっても、ふつうは無理です。

このように、ふだんから日本語を使っていて、自分は日本語ができると思っている人の間でさえ、言語能力はある意味、限られています。でも、ふだんはそれぞれが自分の必要な範囲でことばを使っているので、あまり問題を感じないだけです。

これが、国際語としての英語になるとどうでしょうか。英語が国際語だといっても、世界的に見ると英語力には相当なばらつきがあります。English Divide（英語格差）ということがいわれますが、

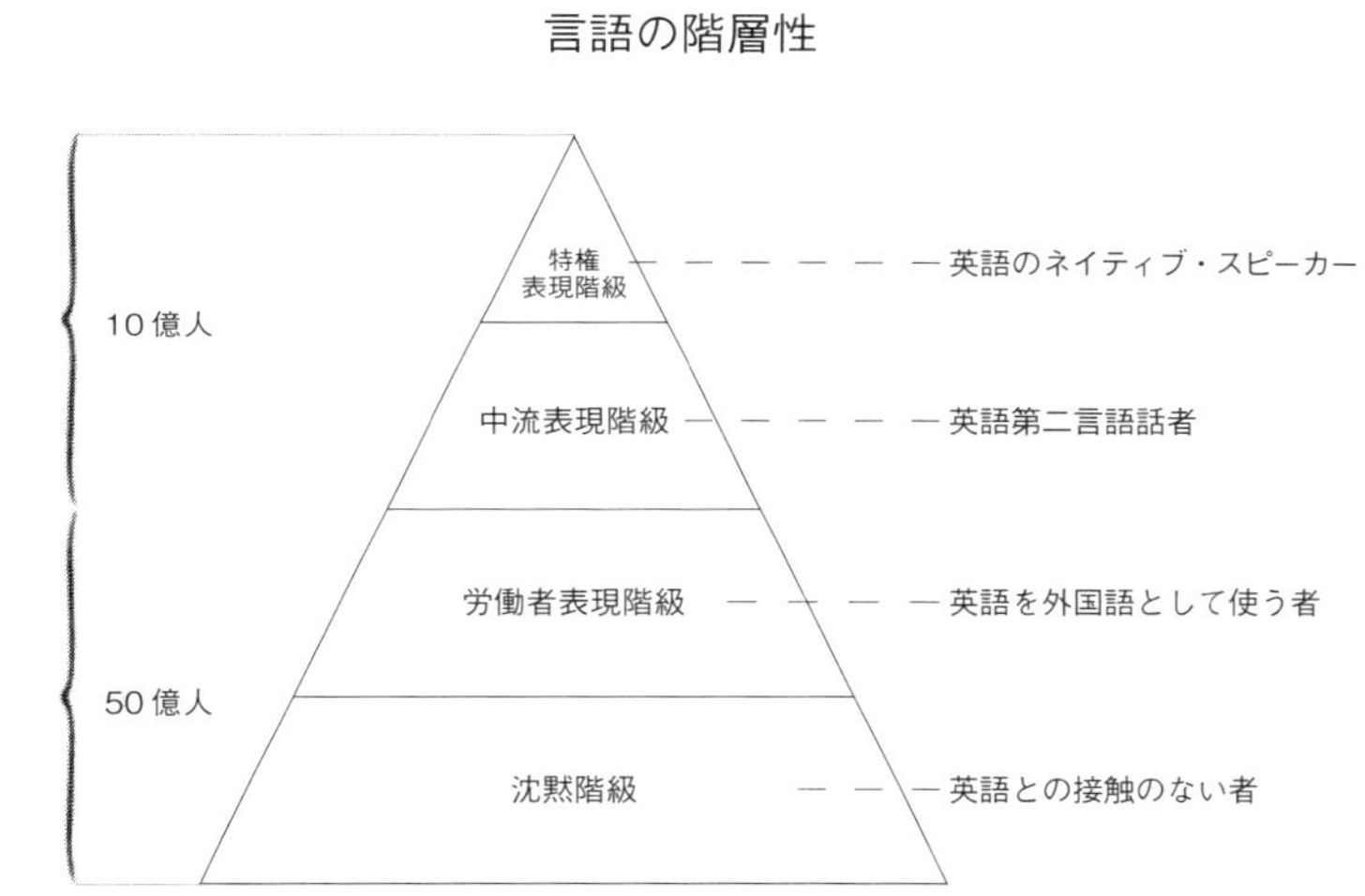

出典：津田幸男（2006）、129頁

図1　英語支配の序列構造

英語に関する格差を英語による表現力の「階級」として表したのが図1です。

これによると、大部分の日本人は、「労働者表現階級」ということになります。これは、英語を身につけるには多大なお金と時間をかけて努力して学びつづけなければならない（＝労働しなければならない）層と考えることができるでしょう。それでも英語ネイティブ（以下、ネイティブ）にはとうてい及ばない、というのが常です。もちろん先ほど日本語について見たように、ネイティブといってもさまざまです。ここでは、幼少時から英語環境で育ち、とりあえず不自由なく英語を使っているような人を「ネイティブ」と呼ぶことにしましょう。

では、このような言語運用力の階級構造が実際には何を意味するかを考えてみたいと思います。ネイティブはここが違う！というと、ふつうはネイティブが使う表現を思い浮かべるかと思いますが、本章では、ネイティブと学習者の社会言語学的な立場の違いについて考えてみたいと思います。それは、先ほどの図1にあったように、とりわけ「特権」として現れるといえます。英語を母語とするネイティブの「特権」には主に三つの側面があると考えることができます。

(1) 言語的な権威

まず一つめが言語市場における特権です。英語教育においてはよく「ネイティブ教員」が募集されます。英語母語話者ではなくてあとから英語を勉強した人は、いくら英語がうまくても「ネイティブ」にはなれません。英語の校正、いわゆる「ネイティブチェック」というのも文字どおり、ネイティブじゃない人にはできません。ネイティブはまず、そういった英語産業における特権をもっているということになります。

言語市場における特権の存在をどこまで実感するかは業種や職種によると思いますが、私の例を出してみましょう。研究者として私は英語で発表したり論文を書くことがあります。口頭発表はなんとかごまかせるのですが、学術論文には査読という段階があって、論文を学会誌などに出すと、同じ分野の人が読んで掲載に値するかを審査して、コメントをくれます。そのコメントに対して執筆者が応えて修正して、うまくいけば掲載されるわけです。

「出版する前に、この文章の言語とスタイルの徹底的な修正が必要である」（原文：A thorough revision of the language and style of the text will also be required prior to publication. (Reviewer's statement 2014. 9. 23)）

これは私が専門誌に投稿した英語論文に対して私と同じ分野のネイティブの査読者が書いてきたものです。自分では実は英語はかなりできるほうだと思っていたので、私の英語力ってそんなにひどいのか、とショックを受けました。かなりできるというのは、もちろん英語圏に住んでいたり日本でもインターナショナルスクールに行っていた人にはかなわないけれども、ふつうに日本で学校教育を受けたなかでは、ということです。高校では英語は得意科目でした。真面目に一生懸命英語を勉強した結果、今の自分があるわけです。

ところが、日本の学校で英語教育を受けて全力でがんばった結果、英語で論文を書いて先ほどのようにいわれるわけです。では、原稿を直すには私はどうしたらよいかというと、自分ではこれ以上どのように言語表現やスタイルをよくしたらよいのかわからないので、たいていは英語論文の校正をしてくれる会社に頼みます。この論文の場合、一単語六円の安いコースでとりあえず表現を直してもらい、三万九一三二円かかりました（そしてめでたく掲載されました）。もし表現だけでなく構成も英語圏の人になじみのあるスタイルに直そうと思ったら、高いコースを選んで二倍払わないといけないので、一つの論文あたり七万八二六四円払うことになります。第2部で述べるように、国際語として英語を使うとき、英語圏の慣習に合わせる必要はないと考えているので、そこまでやったことはありませんが。いずれにせよ、この費用は自分の研究費から出すわけです。もっと長い文章、たとえば英語で本を出そうとすると、それだけで通常の研究費がなくなってしまいかねません。いや、通常の研究費では足りないでしょう。ですから、英文校正費用を確保するためだけに研究費を申請することも必要になってきます。実際、今、英語の共著のために研究費を申請して、幸い審査に通ったので、助成をもらっています。

これは私だけではなく、日本人で英語論文を出す人の多く（ほぼみな？）がやっていることでしょう。こういうことを英語がネイティブでない世界中の研究者がやっていると考えると、「ネイティブチェック」をやっている業界はすごくもうかっているであろうことがうかがえます。すでに日本語で元原稿がある場合など、翻訳を利用することもありますが、先ほどの言語仲介会社の場合、和文英訳は日本語一文字一二・五円～です。一万字の論文を書くと、一番安くて一二万五〇〇〇円ですね。校正がつくプレミアムだと一文字二三円～かかりますから、二倍くらい高くなります。

英語で問題なく論文を書いているようにみえる先生方も、英語圏で教育を受けてきた人でないかぎりは、かげでこういうことをやっているのです。多少英語圏に留学していたぐらいではだめでしょう。現に、英語を専門とする言語学の研究者でも、英語論文を書くときはネイティブチェックを受けると聞いて驚いたことがあります。

ネイティブなみになることの困難について、首相級の要人の通訳をやるくらい日本でも代表的な通訳者である小松達也がこんなことをいっています。

「何十年も英語をやってきた私も、英語の文章を書いてネイティブ・スピーカーに見てもらうと、真っ赤に訂正が入って返ってくる」（小松二〇〇三、一九〇頁）

日本を代表するような英語遣いが英語の文章を書いてネイティブに見てもらうと真っ赤に訂正が入って返ってくる。信じられないかもしれませんが、私は、自分の経験からもうなずけます。といっても英語のことではなく、ドイツ語についての経験です。私は大学でドイツ語を専攻してドイツに留学し、現在も外国語学部でドイツ語も教えていますから、当然、ドイツ語はかなりできるつもりです。ドイツ語で文章を書くのも苦になりません。それでもドイツ語で論文を書くときは同僚のドイツ人の先生に見てもらいます。そうすると、悔しいけれど必ずどこか直されるのです。

ネイティブなみの言語能力というのはそれほど難しいのです。つまり簡単な日常会話なら、しばらく英会話学校に行けばできるようになるでしょうけれども、本当に質の高いものを習得しようとすると並大抵ではない努力が必要なのです。それでも英語産業にネイティブとして参与することはほぼ不可能なのです。校正や翻訳などの言語産業は、言語的生産物の質を高めるために大切な役割を果たしていますが、それはネイティブの特権の上になりたっているのです。

（2）表現力の優位性

ネイティブの特権は、英語産業に限った話ではありません。英語産業に従事しなくとも、ネイティブは自分の言語で議論ができるので、表現力で優位に立てる、つまり自分のいいたいことがうまくいいやすくなります。当然ながら母語で話せば細かいところまで表現しやすいし、いろいろ文体を選択できます。議論をするときも、より説得力をもって自分の意見を主張できます。議論がネイティブに有利に進んだとしても不思議ではありません。私がはじめて英語による議論に参加したのは、学生時代、模擬国連というサークルでした。そこでは、アメリカの学生との模擬国連の会もあったのですが、参加した先輩たちは、論の中身ではおかしいと思っても、アメリカ勢の言論に圧倒されるといっていました。これは、日本の学生のほうが議論に慣れていないということもあるでしょうが、議論を英語でやるということがやはり根本の理由でしょう。もし日本語でやったとしたらアメリカ勢はきっと、お話にならないでしょう。

外国語を勉強した人は誰もが経験することでしょうが、いいたいようにうまくいえなかったり、いいたくないことをいってしまったりすることさえあります。あるいは、思ったのと違うふうに受け取られたということもよくあることです。そういう人たちとネイティブで互角な議論をするのが難しいことはいうまでもありません。英語の達人であるジャーナリストの船橋洋一のいうとおり、

「実際、不公平なのです。／非英語人は、逆立ちしても英語人にかないません。つねに、相手の土俵で話すことを強いられるのです。不利なことこのうえもありません」（船橋二〇〇〇、一五頁）

もっとも船橋は、そこから導いている結論が、本書とは逆で、だからこそもっと英語をやらなければならない、というものなのですが、そのことについては次章で考えることにしましょう。

（3）言語学習および伝達の労力の減免

ここまでは言語運用力の面ですが、実はネイティブの特権は、はるかに大きい範囲に及びます。英語ネイティブの人は、他の言語の人が自分の言語で発信してくれるから、苦労せずにコミュニケーションがとれます。自分の言語でそのまま国際コミュニケーションができるということほど楽なことはありません。

しかしそれだけではありません。英語ネイティブは、それ以外の人たちが英語学習にかける膨大な時間が不要なので、その分の時間や費用を他のことに回すことができるのです。コミュニケーションの際には、言語運用力以前に、日常会話にしろ学術的な議論にしろ、コミュニケーションの土台となる雑学や教養などの知識、そしてその土台となる母語での思考能力が必要になります。英語の勉強に大量の時間を費やすならば、英語を勉強しない場合と比べて、これらの知識や能力の習得に費やせたはずの時間が英語学習に割かれることになります。つまり非母語話者は、ただ単純に英語の運用力で遅れをとっているだけでなく、英語学習と引き換えにコミュニケーションの土台的な能力でも遅れをとっていると考えることができるのです。

一日はみんな二四時間平等にあるのですから、あることに時間を割くと、他のことを減らさざるをえません。英語学習に割く時間の分、他のことに割く時間が減ってしまうわけですから、たとえばネイティブとそうでない人が同じ学者で同じ分野の研究をしているとして、非ネイティブが英語にとりくんでいる間に、ネイティブの人は専門の勉強ができるとすると、格差を取り戻すことは非常に困難です。

このような時間配分の違いは、実際のコミュニケーションの際にもあてはまります。言語学者ハラルト・ヴァイトは、ネイティブでない人が不利なのは、「(2) 表現力の優位性」で述べたように自分の考えを伝えるのが難しいということだけでなく、いいたいことをきちんと考えることができないということでもある、と指摘しています。つまりネイティブでない人は、単に表現力が足りないからしばしば知性が劣っているように見えるだけではなく、その場では実際に思考力が劣っているのだと指摘しています（Weydt 2003）。

そんな馬鹿な、と思うかもしれませんが、ヴァイトによれば、話すときの脳の活動を言語面と内容面に分けると、どちらかに比重を置くともう一方にまわす余力が減ります（図2）。つまり自分の母語ではない言語で話すということは、その分、語彙や文法などの言語面に意識を向けなければならず、その一方、自分が自由に話せる言語だと、内容面により多く頭の働きを配分をすることがで

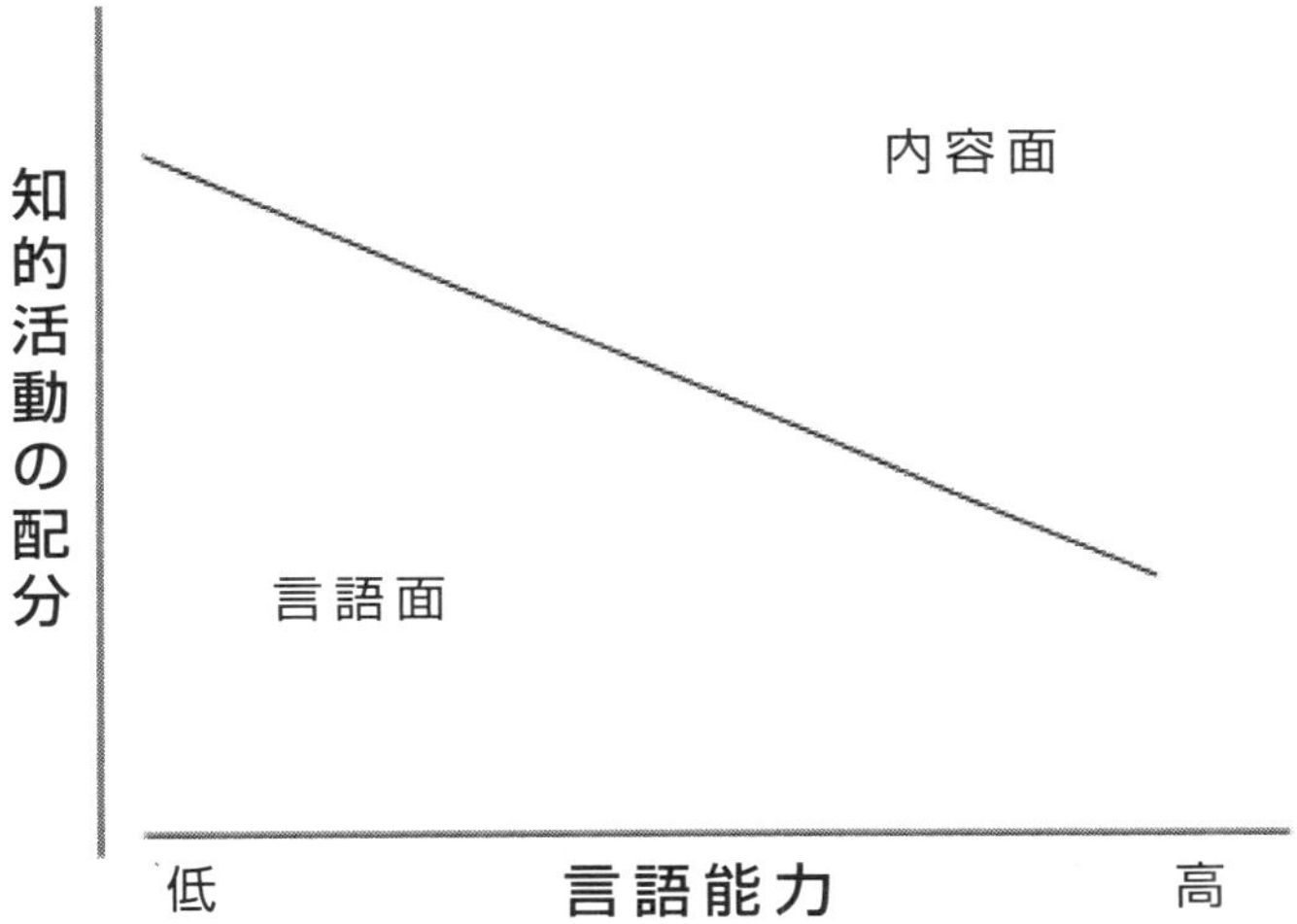

出典：Weydt, Harald (2003)

図２　言語能力と知的活動の関係

きるというのです。

人間の脳が一度に意識できることは、個人差はあっても、基本的に限られています。そういったなかで内容面に集中するためには言語能力的な前提がかなり高くないといけないわけで、言語的な問題があると、言語面に気を使うあまり内容面への集中度が低くなります。このように理解すると、実際に何語を使うかが議論などでの知的活動にも影響を及ぼすということが見えてくると思います。これもネイティブとそうでない人の大きな違いです。

以上のように、ネイティブには、言語産業での役割から会議などでの議論、さらには外国語学習に割く時間とそれ以外のことに割く時間、表現の際に思考にふりむけられる意識の割合といった形で「特権」があるわけです。これは、国際的なコミュニケーションの前提を必然的にゆがんだものにしてしまいます。たとえば、スポーツでこういうこと、想像できますか。AチームとBチームがサッカーをすることになりました。Aチームは、履きやすい靴を無料で支給されます。それに対して、Bチームは、Aチームの指定した靴を高い値段で自分で買わなければならず、しかも大きさが合わない……こんなことは考えられませんよね。ところが、このようなことが国際コミュニケーションではふつうなのです。

ここでは、「特権」と書きましたが、はたしてこういったことが全部、ネイティブにとって「得」なのかどうかはまた別の問題です。私は、英語母語話者が一般に外国語学習をあまりしないことによって損をしている面は多くあると思います。外国語学習の意義については第2部で取りあげます。しかし、ネイティブとそれ以外の人に「違い」が生じることは疑いありません。

「違い」が生み出す効果

このような「違い」は、さまざまな社会的影響を及ぼします。ここでは、大きな国際関係上の影響と、具体的な人間関係への影響として、二つの効果を考えてみましょう。

（1）英語効果

右にあげたような言語産業での役割に代表される英語ネイティブの特権は、国単位で見れば経済的な利益となって現れます。言語経済学者のフランソワ・グランは、フランスの学校評価高等評議会の諮問に答えた二〇〇五年の報告書で、イギリスが英語によって得ている利益は少なくとも年一〇〇億ユーロ（およそ一兆二〇〇億円）、副次的な効果をあわせると一七〇～一八〇億ユーロにのぼるとしています（Grin 2005）。

英語による利益は、イギリス人も認めています。イギリスの公的な国際文化交流機関であるブリティッシュ・カウンシル（英国文化振興会）は、「英語効果」（The English Effect）と題した報告書において次のように述べています。

「英語はイギリスに競争上の利点をもたらします。今日のイギリスは英語のおかげで、文化、外交、商業、メディア、学術、情報技術、またソフトパワーの実践において競争上、大きく有利です。（…）英語の地球規模の力はイギリスが、芸術、学術その他において文化的な超大国としての地位を拡大させ、保つことに貢献してきました。英語によって、イギリスは相互に密接につながっている今日の世界においてソフトパワーの影響力をさらに拡大しつづけることができるでしょう」

「イギリスにとって、英語は、信頼関係を築き、そこから貿易や豊かさを得るために決定的に重要な要素です。『英語効果』を保つためには、私たちは英語を育成して英語に投資しつづけることが必要です。そうすることで、私たちの貿易、創造的な産業、文化や人々に利益、可能性や価値がもたらされます。一方、そうしないならば、私たちは、イギリスの最大の資産の一つ［である英語］から来る経済的、社会的、文化的な価値を失いかねません」

(British Council 2013: 4)

正直でいいですね。私たちも同じくらい正直に、英語が国際語であることによって、国際関係上、英語圏に比べて不利な立場にあることを認めるところから出発するのが、現実を見すえて対処を考える前提でしょう。

(2)「ありがたがられ効果」

次に、具体的な人間関係について見てみましょう。先ほど、英語の国際語化に伴って見られる言語能力の階層性をとりあげました。しかし、世界的な言語の階層ということをいっても抽象的に聞こえるかもしれません。そこで、そういった階層性が具体的にどのように現れるかということを見ていきたいと思います。

私の授業に出ていた学生は、「こんにちは」「はじめまして」「わたしのなまえは○○です」の三つの文（きまり文句?）を覚えて「日本語が話せる」といっていたアメリカ人のことを紹介してくれました。これは特殊な例ではありません。日本に来た外国人のスポーツ選手、たとえば野球の選手がインタビューで「アリガトーゴザイマース」というだけで、おおっ日本語しゃべった、と感動されます。これは、実は言語間の階層の現れと見ることができます。逆の場合を考えてみましょう。もし日本の選手が英語圏に行って、Hi! Thank you! といっただけでは誰も感動してくれません。英語によるインタビューにきちんと応えられないと「何だあいつ」となるわけです。

この違いはいったい何なのかというと、「〇〇語」ができるといえることは、実は人間の努力だけではなくて、「誰が」「何語を」学ぶかによっても影響されるということです。つまり、誰がどういった言語を学ぶかによって、その言語をどれだけできるということができるのか、また社会的にどう評価されるのかが違ってくるのです。

このような、言語間の階層差によって生じる現象を社会言語学者の山田寛人《かんと》は「ありがたがられ効果」と名づけて、少数言語の学習者を少数言語話者の人たちがありがたがるということをとりあげています。私は少数言語の調査をしてきたので、このことはたっぷり経験しています。言語が少しできるだけで、ちやほやされてしまうのです。つまりそのような言語を学ぶ人がほとんどいないから、学ぶ人がいると、たとえそれがかなり下手でも、すごいといわれるわけです。私が学生時代から付き合ってきたドイツの少数言語ソルブ語では、私がどうしてソルブ語を学んでいるのかについて新聞、雑誌、ラジオ、テレビから何度もインタビューを受けてきました。博士論文の内容を現地で報告したときは、内容以前に、ソルブ語で報告したということ自体が話題になりました。

山田は、こういう現象について、「ありがたがられ効果が存在するために、大言語話者は少数言語を学べば高い評価を得ることができ、逆に学ばなくても非難を受けることはない」（山田二〇〇一、一〇三頁）と述べています。一方で少数言語話者が大言語を学ぶ際には、学んでも低い評価を受ける場合が多く、相当できないと認めてもらえません。そして学ばなければまったく評価されません。

これは、言語能力の評価が状況によって相対的であるということです。私たちはふつう、努力したら報われる、評価されると思いがちです。しかし、言語能力の評価については、二重基準（ダブルスタンダード）があって、どういう人が何語を学ぶかによって評価が違ってしまいます。

さらに考えると、「ありがたがられ効果」は、大言語の母語話者にも向けられます。つまり大言語の母語話者をありがたがる心理というのが一方であるのです。たとえば、日本人が英語でネイティブとしゃべると、英語を話すよい機会だといって喜ぶわけです。英語をしゃべってくれることをありがたがる。自分が学ぼうとしている大言語を話してくれる人がいることについて感謝する。本当は、自分が英語をしゃべってあげていることに相手が感謝してもいいかもしれないのだけれども、ふつうはそうは思わないで、英語を学んでいるほうの人が英語を話す機会についてありがたく思うのです。

このように、大言語の母語話者と少数言語の学習者というのは、すごく気持ちよくコミュニケーションができるわけです。ここに、言語間に階層があることがはっきり見てとれます。

「ネイティブ」同士・非「ネイティブ」同士の格差

以上、ネイティブとそうでない人の間の社会言語学的な立場の違いがあることを見てきましたが、実はネイティブ同士にも格差があるし、ネイティブではない、ある言語の学習者同士の間にも格差があります。

（1）ネイティブ同士の格差

同じ「ネイティブ」といっても格差があるということは想像できますでしょうか。もちろん最終的には個人ごとに言語能力に差があるわけですが、ここでいいたいことは、ネイティブ同士でも違うなまりやアクセントがあるということが、評価の違いをもたらしうるということです。これを社会言語学では「威信」といいます。ある話し方でしゃべるとかっこいいと思われて、別の話し方はださいといわれます。方言でも、威信の高い方言と、そうではない方言があるようです。

ある言語や方言がそれ自体汚いということはないのですが、話している人たちを思い浮かべて、その方言が評価されるのです。こういう話し方は汚いとかそういう言い方がされるわけです。私は名古屋出身ですが、小さいとき、名古屋弁を話すと、汚いからやめろといわれたことあります。名古屋弁自体が汚いはずはないのですが。

英語の場合、英語教育の現場で何が起こるかというと、たとえば「フィリピン英語はアメリカで通用しない！」ということが以前、インターネットのあるビジネスサイトに載っていました。フィリピンで英語を学ぶと安いということもあり、多くの人がフィリピン人から英語を学んでいます。それに対して、フィリピンの英語はアメリカで通用しなかった、アメリカでも通じる英語をやろうということで、アメリカ名門校のネイティブ学生から「正統派英語」を学んで身につけ、世界に通じる人材になろう、というのがその広告記事の趣旨でした。そのプログラムで英語を話す相手として紹介されるアメリカの学生たちは、別に英語教育を専攻しているのではなく、「名門校」の学生であればいいというわけです。

本当にフィリピンで学んだ英語がアメリカで通じないかというと、そんなことはないでしょう。ここで問題になっているのは、実は言語の威信、つまりどういった英語を学びたいかということです。ネイティブのなかでも、模範的とされるネイティブとされないネイティブがいるのです。

こういうときによくいわれるのが、「なまりのない英語」という言い方です。たとえばアメリカの教養層の英語はなまっていなくて、他の英語はなまっているというのは、言語学的にはおかしいのです。どの話し方も、違った特徴があるから、全部なまっているのですけれども、ある種の言い方をなまっていないと見ることに、言語の威信が現れているわけです。はたして「なまっていない」アメリカの教養層の英語が国際的に一番理解しやすいかということも実は疑問なのですが、それは第2部の国際英語のところで見ていきます。

（2）非ネイティブ同士の格差

本章の最後に、非ネイティブ同士の格差について見ていきましょう。母語話者同士では、言語能力が違ってもふつうはコミュニケーションがとれるのであまり問題になりませんが、外国語学習者の場合、個人間の格差はきわめて大きいものがあります。

外国語は、能力の差を測る方法がかなり開発されていて、差を出しやすい分野です。高校や大学の受験でも、一般に英語の配点が高いことがよくありますが、それは英語がそれだけ重要だということよりも、実は、英語で細かい差がつきやすいことを利用しているといえます。日本社会において英語が果たしているもっとも大きな役割は、人を選別するための道具といっても過言ではありません。

受験英語に限らず、言語で人を階層化することは昔から行われてきました。明治までの日本では、漢文の素養があるかどうかが知識人の証でしたし、ヨーロッパでは、ラテン語ができるかどうかによって教養の差をつけていました。現在も、ラテン語は選択科目として中高等教育に残っていて、選別機能をまだ部分的に保っています。言語にはもともと人を話し方によって区別するという機能があるので、選別は、言語の基本的な機能の一つといってもいいかもしれません。

国内の英語格差の例として、寺沢拓敬《たくのり》の調査によると、大都市で裕福な家庭で高学歴の両親から生まれるといった、英語習得上有利な要因をすべてもっている人と、そういった有利な要素が一つもない人を比較すると、英語力の獲得可能性に関して七一・八倍もの格差があるということです（寺沢二〇一五、四七−四九頁）。これは実に大きな格差といわざるをえませんが、寺沢も述べるように、日本はこれでも比較的、言語的な格差が少ないほうです（同、七二頁）。みな何となく英語が少しはできるといえます。でなければ、街中で頻繁に見かける英語を用いた看板や宣伝は意味をなさないでしょう。

世界的に見ると、格差はもっと圧倒的です。英語能力指数というものを国別に表したものをとりあげてみましょう（EE-EPI 2015）。このデータは、インターネットによる自由参加型の英語試験に基づいています。国によって受験者に偏りがあるでしょうから、正確に各国の英語力を示すものではありませんが、一定の傾向をつかむうえでは有意義でしょう。

まず、英語能力が「非常に高い」という国々を見てみると、すべてヨーロッパ、しかも九か国中五か国が英語と同じゲルマン系言語を使う地域です。上位に食い込んでいるフィンランドやスロヴェニアは、いずれも外国語教育に相当に力を入れる必要がある小国であり、かつ経済的に比較的恵まれている国です。

ちなみに、ゲルマン系の言語は英語に近いので、英語が問題なくできるというイメージがあるようですが、ここでも言語能力の多様性を忘れるわけにはいきません。ドイツで英語で道を聞けば、とりわけ若い世代ではおそらく多くの場合、意思疎通ができることでしょう。ところが、もっと難しい内容になると、ドイツ人にとっても英語が外国語であることが見えてきます。ドイツの大学では近年、英語による授業が増えていますが、英語による授業は理解に時間がかかるし労力が余計にかかるというので避ける人が多いという調査結果もあります（Knapp 2011）。

さて、言語能力が「高い」国一二か国もほとんどがヨーロッパですが、アジアからは、イギリスの植民地だったシンガポールとマレーシア、インドが入っています。そして「標準的」（一三か国）、「低い」（一四か国）、「非常に低い」（二一か国）というところにアジア、南米、アフリカの多くの国が入っています。なお、日本は七〇か国中三〇位で、「標準的」な能力レベルというところにあります。

ところがここに入っていない国の種類が二つあります。どういう国々だと思われますか。

一つは、アメリカやイギリスをはじめとする英語国です。そしてもう一つが、このようなテストを国民が受けるに至っていないような状況にある、多くの国々です。つまり、このデータは、図1（八九頁）の言語階層でいうと、「中流表現階級」と「労働者表現階級」の間での差を示すものであって、もっとも大きな英語格差を体現する「特権表現階級」と「沈黙階級」は含まれていないのです。特権表現階級は、英語ネイティブのことですが、沈黙階級というのは、英語とほとんど接触がない人たちです。この層が人類のなかで一番多いと考えられます。

数年前、私の授業に出ていたなかに本格的な旅行に行くのが好きな学生がいて、パレスチナの難民キャンプとかアマゾンの奥地にも行くのです。その学生がいっていたのは、そういうところに行くと英語がさっぱり通じないということです。トイレということばさえ通じないとのことでした。トイレに行きたいので toilet という発音を英語でしたとしても、何のことかさっぱりわからない。

彼らにとっては無意味な音の連鎖にしか聞こえないというのです。本節でとりあげた指標に含まれていない「沈黙階級」の国の一つである東ティモールにインターンに行った学生は、「英語もまったく通じません。日本人みたいに、習ったことがあるけどしゃべれない、ではなく本当にわかりません。英語で道を聞くと鳩が豆鉄砲食らった顔します」とメールで報告してくれました。

世界の大きな流れを動かしているのは英語ができる人たちのほうなので、私たちはふだん、英語で世界がわかるという気持ちになって、あまり意識しないのです。しかし、世界の多数派は英語の外にいるということを確認して、次の章に行きましょう。

《コラム3》国際会議の英語事情

●ベリングラート木村園子ドロテア

はじめて国際会議に出席したときのことです。有機農産物の認定基準に関するもので、世界最大の有機農産物展示会（ドイツ：ニュルンベルグ）にあわせて開催されました。私は通訳として展示会に雇われていたこともあり、基準づくりの現場を見てやれ、と会議にも潜り込んだのでした。

この会議は有機農産物の基準を全世界で統一しようとするものでした。これは、どこが（?!）環境にやさしいんだというエセ有機農産物の排除という重要な課題がある反面、有機農産物の取引のグロバリゼーションに直結しているという、生産地のなるべく近くでの消費をめざす有機農業の精神に反する面もあるので、とても入り組んだ複雑な問題です。そのためか、表題としてうたわれている「調和（Harmonization）」とは裏腹に、なんとも不調和な事情が垣間見られました。

まず、問題の背景ですが、欧米の基準は、まあ、ヨーロッパとアメリカで隔たりがあるにせよ、かなり統一されています。東欧の問題もあるのですが、本当に問題なのは、いわゆる「開発途上国」においてどういうものを有機農業とするかです。ちなみにここでいう「開発途上国」には日本も入っています。元々のアジアやアフリカ、南アメリカの農業形態は欧米と異なるので、欧米の基準で評価するのはなかなか難しいのです。とくにアジアの小面積で行われる農法にヨーロッパの輪作概念に基づく基準を当てはめるのは無理があります。しかし、あそこでできて、なんでこっちではできないんだ、という不満は多く、とくに同じ市場に出た場合、どう扱うかが近年大きな問題となっているのです。

問題点が主に「開発途上国」であったにもかかわらず、参加している人は、ドイツで開催されたこともあり、ほとんどが欧米人でした。ちなみに日本人は私を入れて三人でした。発言の主導も当然のことながら欧米人でした。そして、そこで話されていることばは（当然のことながら…）英語でした。少し背伸びをしすぎたかなと、戸惑いながら聞いていましたが、雰囲気に馴染んでくると面白いことに気づきました。なんとなくわかる——頷いている人々とともに頷ける——発言と、何いってんだかさっぱりわからない——のに（みな？）無理して笑っている——発言があるのです。前者は主に英語を外国語としている人、後者は英語を母語としている人（主にアメリカ人）でした。英語を外国語とする人、とくに自分自身それに慣れていない人はとても丁寧に発音し、説明してくれます。そして、いいたいことが（私でも）よくわかります。しかし、そうでない人は（アメリカ人ではなくても、英語ができまっせ、という人は）英語ができるのは当然といわんばかりにまくし立てるのです。そこにジョークを挟むため、笑わない人はわかっていない人と烙印を押されてしまうので、みな笑います（そのように笑っていたのは私だけかと思ったら、横にいる人が何が面白いのかと聞いてきたので、さあ、といって安心して笑うのをやめました）。そんな状態ですから、議題にもついていけず、がんばって発言しても何がなんだかわからないうちに一蹴されてしまいます。そもそも「開発途上国」から来ている人が少ないうえに、そのようにことばの壁をつくられてしまっては公正な基準づくりなんてありえません。

この会議は、FAO（国際連合食糧農業機関）と各国政府機関、NGOが共催し、有機農業という理想を追って開催されたものでした。そこで、こんな状況です。参加は経済的な問題も絡んできて厄介ですが、少なくとももっとことばの思いやりをもってほしいとつくづく思いました。相手のことを考えて、相手の立場を尊重して話す。それがコミュニケーションの基本ではないのでしょうか。公正な環境基準をつくろうとする人たちに、公正な言語環境をつくるという意識がないのは残念なことだと思います。言語環境に対する認識（常識！）づくりは今後ますます重要になってくる課題です。

6　では、どうしたらいいのか

これまで、英語の国際語化がもたらす副作用として、情報伝達の屈折をもたらす自国化バイアスの派生である英語圏バイアス、また共通語ゆえの限界を示す国際語バイアスをとりあげました。そして、こういったバイアスが生じる根底にある言語運用力の不均衡な分布を見てきました。一方で非英語話者が不利な状況にあり、他方で英語母語話者が英語に閉じこもることによって損をしている面があります。英語の国際的な広がりによって国際的なコミュニケーションの可能性ははかりしれないほど進展しましたが、それに伴ってマイナス面も目立つようになっています。

そのような否定的な側面に対してどういう対処ができるかを次に考えていきたいと思います。

もっと英語を？

まず思いつくことは、英語圏以外の人々の英語力をさらに強化していくということです。英語力に格差があるならば、私たち英語学習者がもっと英語を勉強すべきだというのが、たぶん一番多く出てくる意見でしょう。そこで昨今、日本でも英語教育をより早い学年から開始するであるとか、英語の授業時間数を増やすとか、あるいは、インターナショナルスクールでなくても、ふつうの学校で英語で授業をやろうという試みが出てきています。大学でも英語による講義を増やす政策が進められています。

日本中が、そして理想的には世界中が英語ペラペラになれば、英語格差の問題は解消されます。そして、誰でも英語で情報の送受信ができるようになれば、日本からの発信も充実するし、他の国や地域の情報も英語で得られるようになります。英語という共通語の存在が特定の言語・文化への偏りをこえて、他の言語・文化をつなぐ媒体となれば、国際語としての英語のマイナス面を気にする必要はなくなります。

研究者にも、そのような主張が見られます。「ベーシック・インカム」論の提唱者として知られる政治経済学者のヴァン・パレイスは、言語的公正に関する本を著し、言語の問題はどうでもいいことではなく、世界が抱える貧困や環境などの諸問題に対処するためには国や地域をこえてコミュニケーションをとることが必要であると述べています。そのうえで、英語の覇権がさまざまな問題をも生み出していることに注目しています。英語のメガホンからの声だけが一方的に世界に響きわたることは、言語的な公正に反するというのです。しかし、ヴァン・パレイスによれば、

「この〔国際共通語としての英語の〕覇権と効果的に戦う唯一の方法は、メガホン言語〔＝英語〕を学び使うことであって、これをボイコットすることではない。（…）この言語的な不公正が不公平な協力によるものであろうと不平等な機会によるものであろうと、それに対する最良の反応はまさに共通語の能力を普及させる政策をとることなのである」(van Parijs 2011: 117)

世界中の人が英語を使用できるようになれば、英語による格差もなくなり、英語に対する違和感や反発もなくなり、それこそ他国に反発する気持ちも言語によって伝達できるようになり、テロなどは自ずとなくなる。みなが英語を共通語として用いるようになれば、みなイングリッシュでコミュニケーションがとれるハッピーなワールドになる……。これがヴァン・パレイスの主張です。日本は今、まさにこの方向で動いています。このまま英語教育にまい進すれば問題は解決に向かい、めでたしめでたし、一件落着。ということになれば、この本もこれで終わりです。

でも、本当にそうなのでしょうか。もう一度、冷静に考えてみましょう。

努力主義で大丈夫か

まず、英語能力について。たしかに、英語の授業や英語による授業を増やしていけば、それなりに英語力は上昇することが期待されます。しかし、それが格差の解消につながるでしょうか。英語に限らず、文化的な格差がある場合、通常、努力による克服がいわれます。

社会学者の宮島喬はこういっています。

「文化もまぎれもなく資源なのであり、社会的な機能をもつ。(…)けれども、文化的資源の不均等については、これに対する人々の態度にも一つの特徴がある。それは、この資源の偏在に直接に怒りや抗議が向けられることは稀だという点である。それらはよりみえにくく、しばしば経済的不平等や政治的不平等の背後に隠されているのみならず、当人の能力、才能あるいは努力などによって享有が正当化されることが多いからである」(宮島一九九九、一六―一七頁)

これは言語にもあてはまるようです。言語は、学べば身につけられるはずなので、外国語ができないのはその人の責任ということになります。またある言語を学ぶことは、その言語を学ぶことによって得られる利益によって報われると考えられます。その際、一方だけが多大な時間的・金銭的な投資をしなければならないという明らかな不平等や、階層の下位にある言語の話者が上位の言語を学ぶという言語学習の非対等性は見過ごされるか、仕方がないとされます。

たとえば、アメリカ人と英語で話すことを不平等だとはふつう思わないでしょう。むしろアメリカ人と英語で話すのはよい機会だといって喜ぶかもしれないし、もし意思疎通がうまくいかなければ、もっとがんばって英語を勉強しようと思うのがふつうの考え方だと思います。

前章で、非英語人は逆立ちしても英語人にかなわないという不公平について述べた船橋の文を引用しましたが（九五頁）、それに対して船橋が出す対応策は、「個人が英語のマスター（飼い主）になる」ということです。つまり、悔しければ努力して英語をマスター（習得）しよう、ということです。

何事も努力が大切なのはいうまでもありません。でも、「努力主義」には限界もあることを忘れるわけにはいきません。前章で見たように、世界に英語ができない地域が多いのは、明らかに、本人たちの努力不足の問題ではありません。また英語がよくできる地域の人は、特別に努力したからできるようになったわけではありません。マレーシアで英語が比較的通じるのにカンボジアであまり通じないとしたら、それはイギリスの植民地になったかどうかや国情の安定性など、さまざまな要因が絡み合っています。では、日本はどうでしょうか。日本国内の英語格差について寺沢は、英語話者になれたのはどのような人かを問い、英語力は社会環境や家庭環境による影響を受けていることを確認しています。調査結果をふまえて寺沢は次のように述べています。

「たしかに、『努力すれば何でもできる』ということばは魅力的である。（…）しかしながら、『努力すれば何でもできる』は『できなかったのは努力しなかったからだ』も同時に意味することに注意したい（…）。これは、本章で見たとおり、明らかにナイーブ過ぎる社会観である。

それればかりか、他者に対する想像力を欠いているという意味で、不誠実ですらある。『努力』をするためのスタートラインにすら立てない人が存在するという事実を初めから無視しているからである」（寺沢二〇一五、四九頁）

言語的格差社会をめざすのか

みんながんばろう、といって、これまで以上に英語を重視していったらどうなるでしょうか。確実なことは、英語の選別機能が強化されるということです。実際、中学生に英語全国テストをする案も文科省から出ています。小学校から英語が授業科目になると、中学入試にも英語が入るにちがいありません。そうすると、英語塾通いはますます過熱化するでしょう。その先にあるのは、英語が国民の大多数の母語ではないけれど英語を公用語にしているほぼすべての国に共通する社会のあり方です。すなわち、英語による社会の階層化、分断です。

インドはよく英語国といわれます。私たちは日本や世界の他地域で、英語が上手なインド人に出会うことでしょう。しかし、数え方にもよりますが、インドで英語が使いこなせるのは、人口の一割ほどなのです。また、英語第二公用語化などを主張する人は、よく英語ができる成功した例としてシンガポールをあげますが、シンガポールで起こっていることは、成功のしすぎともいえます。つまり母語を英語に乗り換えることです。私たちはそれを望むのでしょうか。

先にあげたヴァン・パレイスの本がこの点、示唆に富んでいます。ヴァン・パレイスは、英語学習を推し進めることが英語格差をなくすことを論証しようとするのですが、しまいにいきつくところは、英語以外の母語がなくなってもかまわないじゃないか、ということなのです。つまり、英語以外の言語をすべて廃棄しなければ結局、格差は解消されない、ということにほかなりません。逆に、もし英語以外の言語が存続するのであれば——そう考えるほうが現実的ですが——、英語の重視を推し進めることによって生まれるのは、ロバート・フィリプソンがヴァン・パレイスの本を評して述べているように、「地球規模の言語的アパルトヘイト」です (Phillipson 2012)。

このように、英語化を進めることがますます格差を拡大していくということは目に見えています。有名な話ですが、明治時代に、日本が近代化を進めようとするとき、森有礼という文部大臣も務めることになる人が、英語を日本の公用語とすることを提案しました。その案をホイットニーというアメリカの言語学者に送ったのですが、その言語学者に反対されたのです。その主な理由が、日本への英語の公用語としての導入は格差と分断を生むから、ということでした。幸い、日本はその後、日本語を近代化して用いることによって、教育も国民に広範にいきわたることができたのでした。それが日本の近代化の大きな推進力になりました。

日本は、小学校から大学まで日本語で勉強できる環境をつくってきました。ということは、言語面に気をとられずに勉強できるから、数学をやりたい人は数学を勉強すればいいし、理科が好きな人は理科を、世界史が好きな人は世界史を一生懸命に学べます。ところが、英語が授業言語として教育に浸透した場合、どうでしょうか。英語が得意な人は、すごく楽しいでしょう。私は英語を学ぶことが好きだったので、英語での授業もきっと楽しんだだろうなと思います。

でも、児童、生徒、学生、みんなよその言語で勉強するということになると、明らかに格差が生まれます。国民の言語でない言語で教育を行っている国は、いわゆる発展途上国には多いのですが、そういう国で多大な教育格差が存在しない国はありません。もとから格差があるのではないかと思われるかもしれませんが、その格差を支えつづけている要素として言語があるのです。

英語を推進しつつ、みなが勉強についていける教育を望むとすると、日本人がふだんからしゃべっている言語を全部英語にしないといけません。そこまでやる気があるのだったら話は別ですけれども、そうでない場合、つまり、日本人が日本語を捨てずにいく場合は、格差が生じることは避けられません（施二〇一五）。

何を犠牲にするのか

ここでは、英語化を進める際の基本的な問題だけ、改めて確認しておきたいと思います。つまり、前章でも述べたように、一日の時間は決まっていますから、英語の勉強時間を増やすということは、その代わり、必ず何かを減らさなければならないということです。学校で英語の授業を増やすということは、何か他の時間を減らすことになります。言語面だけで考えると、英語による授業を増やすということは日本語による授業の時間が減るということになります。もちろん人間の脳は多言語に対応できるので、英語が入れば日本語ができなくなる、ということはありません。ただ、もし英語の授業を増やして国語以外の教科を削ると、その科目の学力の低下につながりかねません。

英語で他の科目の内容を勉強すると、一石二鳥と思われるかもしれません。たしかに英語学習には有効でしょう。でも、母語で学ぶのに比べて内容理解は低くなる恐れは否めません。大学でも、英語で学ぶことで授業のレベルが下がることがしばしば指摘されているのです。

では、他の教科を減らすことが難しいとすると、犠牲にされるのは何なのでしょうか。そのことをはからずも示す英会話教室の夏の集中プログラムのチラシがうちに来たことがありました。

チラシには、子どもたちが英会話教室にいるイラストが大きく載っています。ふきだしで「いつもの夏・・・　きょうはお父さんとお母さんとゆうえん地に行きました」とあります。そして大きな字で、「〝今年の夏〟は〇〇〇ジュニアで、楽しく英語力アップ！」とあります（〇〇〇には著名な英会話学校の名前が入ります）。英会話は遊園地のように楽しい、ということがいいたいのかもしれませんが、親子が共に過ごす時間よりも英会話教室が優先される社会を私たちはめざすのでしょうか。小学校時代の夏休みは、英語塾に缶詰めになることよりも大切なことがあるのでは？とつっこみたくなります。繰り返しますが、何かを選ぶことは何かを犠牲にすることでもあるのです。

もし、英語でも理科でも社会でも何でもいいですが、他の科目に割く時間を減らさずにある科目を増やすとすると、遊ぶ時間か寝る時間を削ることになるでしょう。そのほうが、子どもの将来にとっては問題だと思います。もし勉強漬けにして朝から晩までやれば英語力だって国語力だって三倍、四倍に増やせるでしょう。でも、そういう子ども時代を送る人が、大人になって創造的に人生を切り開いていけるでしょうか。子どもが自分の創造力を自由に発揮できる遊びの環境がそれで残っているかどうか、不安になってしまいます。

勉強も習いごとも、結局、有限な時間のなかで選択せざるをえないのですから、何を優先するかという問題になっていくわけです。英語が好きで、もっと学びたい人がどんどんやること自体は大いにけっこうとは思いますが、ひたすら英語の開始を早めたり、時間を増やしたり、英語による教科を増やしていったりすればいいというのはあまりにも安易でしょう。

「わかったつもり」の拡大と英語圏の視点の浸透

語学や学力の問題を離れて、情報の流れや世界の理解が英語学習の強化でどうなるかも、考えてみましょう。仮に本当にみながんばって、日本人の英語力が飛躍的に高まったとしましょう。そうすると、英語による国際的な発信はより容易になるでしょう。つまり、日本人がもっと英語ができるようになったら日本のことをもっと発信できるわけだから、日本に関する海外の誤解も減っていくと考えられます。

でも、日常生活が日本語で行われる以上、英語で発信することは、結局、外向けの発信であることに変わりはありません。つまり、英語で発信している時点で、外に向けて何を伝えたいかを選択して、外の人に理解してもらいたいように伝えているわけですから、英語で発信すること自体、「国際語バイアス」は免れないわけです。

国際的に私たちが発信しようと思う情報が、国内で日ごろ話しているときと同じ情報なのだろうかとちょっと考えてみると、国際向けに日本について発信するときには、「国際社会」向けの情報として、やはりそれなりの考慮をして発信するわけです。考慮しないという方法もあるかもしれませんが、日本語で話していることをそのまま英訳しても往々にして意味が伝わりません。伝えるためには何らかの配慮をしないといけなくて、配慮する際には、英語話者向けというバイアスが生じます。これは、どうしようもないジレンマです。相手の理解度を配慮しないで発信すると意味が通じません。一方、配慮すると、もともと自分たちのなかでしゃべっている内容とはずれが生じてくるということです。

それでも、発信しないよりはましだと思われるかもしれません。しかし、日本人自身が英語で発信すればするほど、それを受け取る海外の人は、英語で発信された情報さえおさえておけば日本を理解できる、という錯覚がむしろ大きくなる恐れがあります。

つまり、外国の特派員が日本について報道すると、眉につばをつけて読む人もいるかもしれないけれども、日本人自身による英語での発信が増えれば、そういった情報は信頼性が高いと思われやすいでしょう。日本人が発信しているから日本についての正しい情報だと思うわけです。たしかにそうかもしれませんが、そこに「国際語バイアス」がかかっていることは見過ごされてしまいます。

一例をあげてみましょう。知人で、日本の茶道について、海外で英語で博士論文を書いた人がいます。そのあとでその内容を本人が日本語でも書いて出したのですが、記述の仕方が英語版と日本語版で違ってきたというのです（加藤二〇一〇）。英語版の場合は、英語圏の人に理解しやすいような形で出した。そうすると、海外の人は、日本の茶道ってこういうものかと理解するわけです。たしかに間違ってはいないでしょうが、海外向けに発信しているというところまでは頭が回らないことが多いでしょう。

ことばが通じるからわかったつもりになる、ということが増えてしまい、日本語をやらなくても日本のことはわかる、ということになったら、第4章でソルブ地域について見たように、理解できていないことにも気づかない恐れが出てきます。

これは、日本語話者が海外の情報を英語で受け取ることにもあてはまります。日本人の英語力が高まれば、外国の情報を受け入れるときには、英語で世界中の情報が得られる利点がたしかにあります。しかし、異文化理解においてはわかったつもりになることこそがもっとも危険だとすると、英語による「外向けの」発信に依存することはかなり危ないということになります。現地の人がいっているからそういうことなんだ、と思うわけにはいかない面があるのです。

また日本の人々が英語での情報により多く接するようになれば、英語による発信が日常生活や社会と直接つながっている英語圏の情報がとりわけ浸透しやすくなることも否めません。つまり英語圏からの情報の優位は変わらないどころか、もっと強化されるのではないでしょうか。「自国化」による取捨選択を経ない分、英語圏バイアスはより直接的になる、つまり英語圏の視点が浸透しやすいということが考えられます。

Facebookなどでは、日本語話者でも、書くのが日本語だったり英語だったりする人もいると思うのですが、二言語で書くということは、なんらかの使い分けをするということです。ところが英語圏の人は使い分けをせず、多くの場合、なんでも英語でどんどん発信します。そうすると、日本やその他の言語の場合は、英語でも発信はするけれども、それは付加的なものなので、国際語バイアスを含んで伝わるのに対して、英語圏の情報は、日本人が英語ができればできるほど、そのまま入ってきやすくなるわけです。そうすると、日本人の英語による発信も増えるけれども、英語の受信も増えるので、結局、情報の偏りは本質的には解消されません。つまり、日本人から見ると、どんどん発信している一方、これまでよりはるかに英語の情報を受け入れていくことになります。こうして、英語圏の影響ははるかに強まる可能性があるのです。

以上のように、言語能力の格差・競争はますます激化し、非英語圏について「わかったつもり」の誤解が増大し、かつ英語圏の見方がさらに浸透するのであれば、英語教育の強化は、仮に「英語ができる日本人」を増やすことになったとしても、副作用は一向に解消されないどころか、もっと強くなりかねないということになります。

成り上がり戦略でうまくいかないわけ

そんなはずはない、と思われるでしょうか。でも、一見まともな対応策で問題がかえって拡大するという現象は、格差がある場合に「下」のほうが「上」に一方的に合わせる形で格差を解消しようとするとき、通常起きることにほかなりません。

不利な立場にある側が主流派に加わることをめざすというやり方を「成り上がり（キャッチアップ）戦略」といいます。成り上がり戦略というのは、差別を構造的に生み出すメカニズムそれ自体を解体しないで、差別の構造に乗っかったまま、自分は上に成り上がっていくということです。問題を生み出す構造は温存されるので、そもそも本当の解決にはつながらないのです。

成り上がり戦略をとることによって問題がより大きくなる例として、世界の南北格差をあげることができます。いわゆる開発途上国が、今後、アメリカや日本のような先進国と同様の生活をすることを目標に掲げるのは非現実的です。たとえば地球上の人がみな一部の先進国ほどエネルギーを使った生活を送ろうとすれば、地球にいくら資源があっても足りないでしょう。また仮にできたとしても、環境破壊はすさまじい規模に達するにちがいありません。ですから、開発途上国をただ「開発」すればいいわけではなく、電気がない地域の人が電気を使うことができるようにすると同時に、先進国がエネルギー消費を減らすことを進める必要があるのです。先進国もその意味では「開発途上」にあります。

英語に話を戻しましょう。英語の普及によって生じる肯定的な側面を否定しようとする人はおそらくほとんどいないでしょう。しかし、その反面、情報面での英語圏への依存や、「外からの／外向けの」見方の過信や、言語能力の格差が拡大しています。これは相互理解や国際コミュニケーションの妨げとなるものです。これに対して、英語は「必要」だといって、ひたすら英語学習をよりいっそう進めることばかり考えるようでは、そのような問題点を縮減したり解消したりするどころか、むしろ強化していく恐れがあります。成り上がり戦略には慎重になるほうがよいでしょう。でも、成り上がり戦略以外の方法はあるのでしょうか。社会全体にとっては好ましくないとしても、個人にとっては、英語学習にまい進したほうが得なのではないか、という疑問もあるかもしれません。

さあ、ここでいよいよ「節英」の出番です。第2部では節英のさまざまな可能性を探っていくことにしましょう。

《コラム4》節電してみました

炊飯器、暖房便座、電気ストーブ、電気カーペット、ドライヤー、電動ひげそり、多機能電話機、ドアのインターホン、時計（腕、壁、目覚まし）、生ごみ処理機、テレビ……。

これらは、ここ数年の間にわが家で使わなくなった電気製品たちです。炊飯器は土鍋で、暖房便座は布カバーで、暖房は厚着で、ドライヤーはタオルで、インターホンはチリンチリンと鳴らす小さな鐘で、電池式の壁時計は振り子時計で、腕時計は腹時計で、生ごみ処理機はコンポストで置き換えました。テレビは地デジ化をきっかけにやめました。ダイヤル式電話を骨董品屋で買ったときは、本当に使うんですかと聞かれました。これ以外にも、掃除は極力ほうきですまし、使わない電気は消灯を徹底。生活は朝型にきりかえました。また電力会社の契約アンペアを下げました（「アンペアダウン」）。

空気のように思っていた（というか、とくに何も意識してなかった）電気がどこかでつくられていること、しかもそのどこかには遠く離れた福島も含まれていて、福島の原発の電気を使っていた東京の私たちが何事もなく生活しつづけているのに、福島の人たちが避難しないといけないこと。これってなんか変じゃない？ということから、わが家では、それまで無自覚に使っていた電気への依存を減らそうと思ったのでした。

少し調べてみると、問題は原発だけではないこともわかってきました。エネルギーを使えば使うほど、必然的になんらかの環境破壊が起こるのですから。もちろん電気は何といっても便利だから、感謝してありがたく使いたい。と同時に、できるだけ地球の他の命たちや後の世代に迷惑をかけないように省エネしたい、と考えたわけです。

で、やってみたらどうだったかというと、それがなかなかよかったのです。まず、節電は実際に効果が見えるからやりがいがあります。わが家の使用電力は「3・11」以降、前年の同月比で最大五七％減りました。元からエアコンもないしテレビもほとんど見てなかったわが家でさえこんなに節電の余地があるということがまず驚きでした（図3）。

でももっと驚いたことは、はじめにあげたように電気製品の大半を使わなくなっても生活していくのに困らなかったということ。それまでどれも必要不可欠だと思っていたのに……。それまで毎月、電気代を数千円余計に払っていたのは、今思うと実にもったいないことでした。

それだけではなく、土鍋で炊くご飯のおいしさや振り子時計が満時を知らせるときのなんともいえない鐘の音など、気持ちよいこと、小さな楽しみがいっぱいできました。朝は、自ずと早く目が覚めて、余裕があるので一駅先まで歩いています（以前は、朝はけっこうどたばたでした）。

元からエアコンと車がなかったうえにテレビがなくなったので、現在、うちは「クーラー、

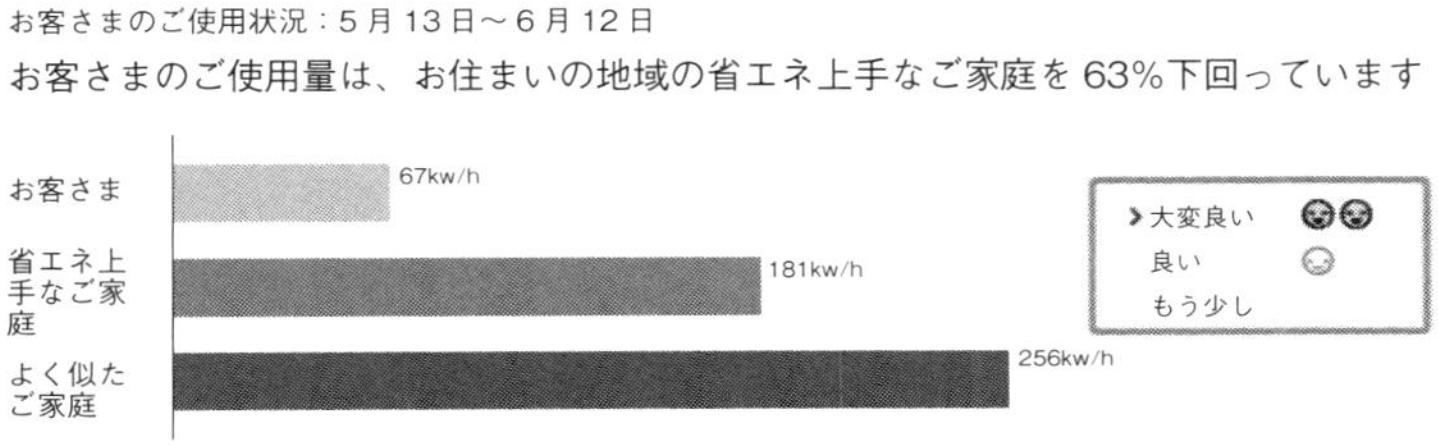

図3　東京電力「電力家計簿」でのわが家のグラフ（2015年6月分）

カー、カラーテレビ」、いわゆる「3C」がすべてないことになります。エアコン漬けで汗をうまくかけず体温調節ができない子どもがいると聞きます。わが家はそういう心配はありません。冬は寒く、夏は暑いのですが、驚いたことに、省エネをはじめた二〇一一年春から仕事の関係でドイツに行く（二〇一二〜二〇一三年、在外研究でドイツに滞在しました）までの一年間、わが家ははじめて誰も風邪をひかず、息子はクラスで唯一の皆勤でした。夏、うちに遊びにきた友だちが「おまえんとこ、暑いな」といったら、息子は「夏だから」と答えたそうです。小学校にエアコンが急速に普及していますが、エアコンがないと生きていけないようにすることは、これから日本で生き抜かなければならない子どもたちの将来を考えたら無責任きわまりないと思います。

テレビがなくなったのも、ちっともつらくありません。おかげで子どもたちは本に夢中です。活字離れなんてうちには縁のない話です。観たい映画などはネットやDVDで観られますし、映画館にも行きます。哲学者の森岡正博は次のように述べています。

「地球環境危機をくぐり抜けるためには、所有や消費を縮小することが、どうしても必要であると言われる。しかし、それは、けっして『禁欲生活』を送ることを意味しない。なぜなら、たとえ所有物やエネルギー消費が増加しなくても、高価な電気製品やクーラーがなくても、それらなしで楽しく気持ちいい生活を送ることができるような人間へと私自身を変容させていくチャンスなのだ、というふうに、前向きにとらえることができるからである」（森岡二〇〇三、二二〇頁）

森岡は、クーラーなしでは仕事や勉強はできないという思い込みから解放されて、クーラーの代わりに窓を開けて過ごす心地よさを実感することを説きます。

とはいってもねえ、という人が多いのではないかと思います。やはりつまるところ節電というと我慢、というイメージがあるかもしれません。実際、何ができるかは人によって異なると思います。しかし、節電は禁欲生活を送ることではなく、むしろ得することが多くある（精神的にも身体的にも金銭的にも）ことを、わが家のささやかな実験を通してお伝えしたいと思います。

では、節英はどうでしょうか。

第2部では、私の経験もふまえて、節英について考えていきましょう。

第2部

節英はどのようにできるのか

《導入》英語は薬！

第1部では、英語の国際語化が情報の流れや視点の偏り、言語能力の格差といった問題を含んでいること、そしてそれに対して英語教育をひたすら増やしたり、日本社会の英語化を進めたりしても、問題点は解消しないということを確認しました。

そうはいっても、国際的な伝え合いに英語は必要だ、という方が多いと思います。英語のおかげで、異なる言語を話す人たちがそもそも意思疎通できるようになったのですから、それを否定するのは現実的ではありません。私も、英語が害悪だといいたいわけではないのです。むしろ英語は、「薬」みたいなものだと思っています。薬というとすばらしいものに思えますが、健康に問題がなければ薬は飲みませんよね。薬を買うと、必ず正しい飲み方および副作用についての注意書きがついています。薬の場合、副作用を減らすために、薬の研究者は日々、多大な努力をしていますし、それはとても大切なことです。それでも薬にはなるべく依存したくないものです。また、どんなによい薬でも、飲みすぎると体に悪い影響をもたらします。ですから私たちは、健康に気をつけて食事を考えたり体力づくりをしたりします。

国際語としての英語も、薬と同じく、よく効くだけではなく、副作用をもたらします。英語についても、効き目がもっとも発揮される使い方を心がけて、国際語としての英語の副作用を減らすとともに、なるべく英語に頼らないですむ方法をいろいろとやってみるということが考えられるのです。そして実際に、さまざまな提案や実践がなされています。

第2部では、異なる言語を話す世界の人たちとのよりよい伝え合いを実現するために、私たちがとりうる作法・技法について考えていきましょう。

7

英語を飼いならす――「国際英語」という発想

第5章で、ネイティブと非ネイティブの格差についてとりあげました。これまで私たちが学んできた英語は、基本的にネイティブの英語です。英語教育では、学習者はネイティブがしゃべる英語をめざして勉強してきたわけです。英語圏出身者と同じように英語がしゃべれるようになることが理想であり、目標となっています。英会話学校の広告では「講師はネイティブスピーカー　だから本物の表現力が身につく！」とか、「ネイティブ発音だから世界に通じる」といった言い方が見られます。そしてネイティブとして見本になるのは、とりわけアメリカやイギリスです。

しかし、ネイティブなみをめざして英米人の使う英語の言語規範を忠実に学習したり、英米人の文化や行動規範を基準にするのが、国際語としての英語のあり方なのだろうか、という疑問が出てきています。本章では、英語の副作用を緩和する方法として近年注目されている「国際英語」について考えてみたいと思います。

「ネイティブなみ」は現実的で妥当な目標か

まず、現在の「英米ネイティブ路線」が現実にどこまで可能かを考えてみましょう。端的にいって、私たちはネイティブになれるのでしょうか。

アジア英語の研究で知られる本名信行によれば、英語が普及することは必ず変容・変化を伴います。つまり、英語の国際語化は必然的に変容を伴うものであり、たとえばアメリカ英語やイギリス英語が入力されると、その土地の文化・社会状況や地域の言語の影響を受けて、出力としては英語の地域的な変種が生じるというのです（図4）。

たとえば、イギリスの元植民地では、イギリスの英語を学んだ現地の人たちが自分たちの英語変種をつくりだしていって、インド英語やスリランカ英語、シンガポール英語などが出てきています。そういった形で、言語の国際化は必ず言語変化を伴います。

ですから、もし日本でいくら英米の英語を学んでも、ネイティブの

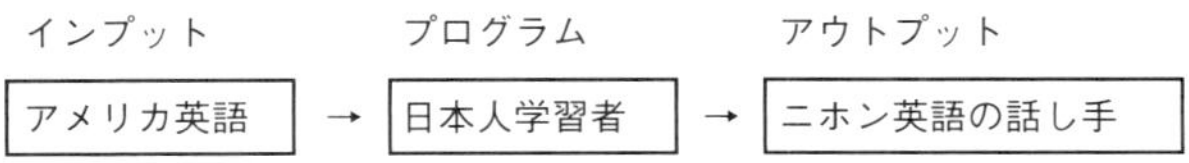

出典：本名信行（2013）、143頁

図4　日本人の英語学習モデル

英語がそのまま話せるようになるわけではありません。違ったものが出てきてしまうのです。いわば、仕入れた原料が加工されて出てくるわけです。これはある意味で当然の過程であって、世界の英語の現実は実際そうなっています。これは、英語でいろいろな国の人と交流したことのある人は誰でも気づくことです。

それでも、自分の英語を直そうとすることはおそらく不可能ではなくて、ほとんどネイティブのように英語をしゃべることができる日本人は、中学生以降から学んだ人でもありうるでしょう。ただ、その場合は、そのために並大抵でない努力をすることが必要になります。それを日本の教育目標にすべきかは、別問題です。そこまでめざすのであれば、日本の子どもはみな中高生時代を英語圏で過ごすくらいのことが必要になるでしょう。そうすれば、ネイティブに近づくことはできるでしょうけれども、その代わりに犠牲になるものは何なのかということも考えないといけないと思います。

しかし、可能かどうかという問題以前に、ネイティブ英語をどんどんめざしていくということがそもそも望ましいかということも考えなければなりません。英語をどこで使うかということから考えてみましょう。現実に世界に出てみると、英語を誰と話す機会が多いかというと、ネイティブと話す機会だけではなくて、そうではない機会もけっこうあるでしょう。英語の普及度からして、今や、むしろネイティブでない人で英語を使える人と会う可能性のほうが一般的にいうと高いとも考えられます。

このことをふまえると、はたしてネイティブ英語は目標として妥当なのか、疑問がわいてきます。国際コミュニケーションの現場では、ネイティブ英語は、必ずしも評判がいいわけではないのです。「ネイティブ・スピーカー問題」（the native speaker problem）ということがいわれるくらいです。つまりネイティブは、英語運用力自体は高いかもしれないけれど、必ずしも国際コミュニケーションにおいて適切な話し方を知っているわけではないということです。ネイティブでない人のほうが、話す速さもゆっくりであり、あまり高度な単語や熟語を用いないため、わかりやすいという面もあるでしょう（コラム3〈一〇九頁〉参照）。ヨーロッパでは、国際会議などで、ネイティブが話すと通訳イヤホンをつける人が増えるそうです。たとえば、ドイツ人の話す英語よりも、イギリス人の話す英語のほうがわかりにくいと感じられるからです。流暢なネイティブ英語がかえってコミュニケーションの障害になっているといえます。

アジアの例を一つあげましょう。国連アジア太平洋経済社会委員会の障害者権利条約についての会合に手話通訳者を伴って参加したろう者の高田英一は、次のように報告しています。

「公用語は英語なので議論は英語でしか行われず、会議は国連専門官など英語のネイティブスピーカーの凄い早口で進行する。（…）進行があまりに早いので、［手話］通訳がついていけない。そこで通訳者の高木真知子が議長に会議進行が早すぎると異議を申し立てたことがある。通訳者がこのような異議を差し挟むようなことは、前代未聞であっただろう」（高田二〇〇八、九九頁）

通常、国際会議でネイティブが早口で話しても、他の人は自分の英語力が低いことに問題があると思って文句をいわないことが多いでしょう。しかし、ここでまさに障害者の権利が話し合われているのに、ろう者が議論についていけないのでは困る。そこであえて異議を申し立てたのでしょう。これは手話通訳を要するろう者ならではのことに思われます。ところが、この後意外なことが起こったのです。

「休憩時間になるとベトナムやマレーシア等の政府、障害者団体の代表が私と通訳者のところにきて、口々に『実は私たちも、会議の進行が早すぎてよくわからず困っていたのだ、ありがとう』とお礼を言ってくれた。聴覚・言語障害者は私だけでなかったのである」(同上)

ここで言語障害の原因となっていたのは、聴覚機能の問題ではなく、ネイティブの話し方でした。このようなネイティブの話し方は国際会議の模範的な話し方とはいえません。

以上のように、ネイティブを模範とか目標にするのは、現実的ではないし、理想的だともいえない面があります。となると、他にどのような可能性があるのでしょうか。

「共通語としての英語」

そこで出てくるのが「国際英語」です。国際英語ということを日本で早くから提唱してきたのが鈴木孝夫です。鈴木は、英語を「英米人の文化と思想、英国や米国の歴史、社会、伝統などと切っても切れないつながりのある民族財産」（鈴木一九八五、一四三頁）としてとらえる「民族英語」とは別に、国際英語、つまり共通語としての英語のとらえ方があるといいます。しかし、日本の英語教育はこの区別ができていないのでは？というのが鈴木の疑問です。

「残念なことに日本人だけが、英語国民の言語規範を忠実に自己の中に取込むことが、英語による国際コミュニケーションの唯一の道だと信じているとしか思えない学習行動をとっているのである。だから英語が思い切り使えないのだ」（同、一九六頁）

「民族英語」しかないと信じているのが日本人だけかは疑問ですが、ネイティブみたいに話さなければならないと思い込んだ結果、かえって英語が自由に使えない、というのは重要な指摘です。では、どうしたらいいかということですが、鈴木は、国際英語の教育を進めようといいます。ネイティブが使う英語とは違う目標を立ててもいいのではないかということです。

このような考え方は、近年、国際的にもますます見られるようになっています。英語では、English as a Lingua Franca（略してＥＬＦ）という言い方をしています。「仲介言語としての英語」（本名信行）とも訳されていますが、ここでは、「共通語としての英語」と呼びましょう。これは、英語ネイティブ同士で話す「母語としての英語」（English as a Native Language）としての英語とも、英語以外の外国語学習で通常目標とされるようにネイティブと非ネイティブが話すときの「外国語としての英語」（English as a Foreign Language）とも区別される英語です。特定の地域、特定の民族の言語としての英語を学んできたのが外国語としての英語教育ですが、それに対して共通語としての英語は、発音や語法においてネイティブの規範から自由になるということをいっています（鳥飼二〇一一）。

国際英語の自由さをつくりあげる一つのポイントが、「意味の交渉」です。今、私たちが英語を勉強するときはふつう、英語ネイティブがその単語や表現に込めている意味を学ぶわけです。たとえばdogといったときには、柴犬を思い浮かべるのではなくて、願わくば英米の人たちが思い浮かべる犬は何なのかということを思い浮かべて意味の範囲を確定していく。このように、英語圏での理解を基準にしていくという形で私たちは英語を勉強します。これが外国語としての英語です。ところが、国際英語としての英語を主張している人たちは、国際コミュニケーションにおいて意味はその場その場で交渉されていくものだといいます。意味は、あらかじめ確定されているのではなくて、交渉によってその場で成立していくということです。

そんなやり方できちんと伝わるのかと思われるかもしれませんが、実は、日本語を使うときでもそのつど、私たちは意味をその場ごとにこめて使っています。決していつも辞書にある意味だけを使ってことばを話しているわけではないのです。国際英語の場合は、もっと文化が違う人が同じ単語を使うのですから、背後にある意味や含意が当然、違うわけです。それを英米の基準に合わせる代わりに、話していくなかですり合わせていって、その場での意味ができていくという発想をとったほうが現実的だということです。

もう一つの特徴とされるのが、創造性です。どういうことかというと、ネイティブの人が使っている英語をそのまま学ぶのではなく、世界中の英語を使う人たちが協力して創造的に英語をつくっていくということです。創造性という観点からすると、面白い逆転現象も起こりえます。英語があまりできない人のほうが創造的な表現を生み出す可能性があるのです。つまり、外国語としての英語があまりにもうまくなってしまうと、表現はある意味で新鮮味がないものになってしまいがちです。むしろある程度初心者的感覚をもっているほうが創造的な英語を使うことができるという意味で、新しい国際語を切り開く可能性をもっているのではないかということです。これまでのように、ひたすら既製品として英語を学ぶという発想ではなく、逆に、ほどほどにしておいたほうが国際的な英語使用のための柔軟性があるという発想には意表をつかれます。

要するに、国際語としての英語は、誰かがすでに使っている言語をそのままもってきて学ぶのではなくて、使おうとする人たちが一緒につくっていく言語なのです。といっても、何もわざわざがんばって意図的につくらないといけないわけではなく、非ネイティブ同士の使用が増えると英語は必然的に変化して、ネイティブの規範から離れた使い方が見られるようになります。

よく、ネイティブの言い方を指して、「本物の英語」「本場の英語」といいます。これは、本物の母語英語、という意味です。それに対して、本物の、本場の国際英語は、どちらも英語が母語ではない、たとえば日本人とインド人のビジネスの交渉で聞かれるものです。母語英語と国際英語は、どちらかが本物でどちらかが偽物、というわけではなく、異なる英語使用の場でどちらも本物、本場のものなのです。だから、英米文化の英語を破壊しようということではなくて、それとは区別してつくりあげていくのが国際英語です。

めざすはわかりやすさ

こういった考え方をとると、英語の使用や教育の目標、基準が変わってきます。つまり、英米文化の表現として英語を学ぶのではなくて、国際コミュニケーションのために英語を学ぶ場合には、ネイティブの話し方をただまねる学習ではなくて、どういう話し方が国際的にわかりやすいかということを追究しつつ英語を学んで使うということになります。そこでよくいわれているのが intelligibility です。「理解可能性」ないし「わかりやすさ」と訳すとわかりやすいでしょうか。国際的にわかりやすい英語を目標にするわけです。つまり、自分がなるべくネイティブみたいにしゃべるのを目的にするのではなくて、国際的にわかりやすい英語、たとえばビジネスにおいてわかりやすい英語を目的にしていくということです。

わかりやすさについては、方向は共通していても、論者によって違いもあります。鈴木孝夫は、国際英語はもはやイングリッシュではなく、イングリックという、英語みたいな別の言語であるといいます。使いやすいように不規則変化をなくしたり規則化を積極的に進めることも肯定する立場です。それに対して、本名信行はもう少し穏健派です。今後も基本的にネイティブ英語を学ぶとしても、結果的にできてしまう日本英語を認知しようというのが、本名の考え方です。日本英語を否定的に見るのではなくて、日本人的な英語を獲得したのはよいことではないかというわけです。

いずれにせよ、国際英語として通じるのであれば、日本英語をわざわざ直す必要はないということになります。たとえば、RとLは、日本人が間違えやすい発音の筆頭です。しかし実際にそれがどこまで問題になるかを考えてみると、たとえば店やレストランに行って「ライスください」といったからといってシラミ（lice）を出す店はたぶんありません。つまり、そこではごはんを意味するライス（rice）をライス（lice）といっても問題ないわけです。力んで英語発音で rice といわなくても、日本語のラ行でライスといっても、まず間違いなくシラミ定食は来ないです。

Please sit down. というときに、スィッ（sit）といいにくいからシッ（shit）といっても、状況からして意味を勘違いする人はふつういません。カタカナで書けない think という発音も、会議の場で I think（私は思う）といいたいときに、アイシンクといったからといって、私は沈む（I sink）と理解する人はいません。というように、ことばは実際には具体的な状況のなかで使われるわけですから、細かい発音がコミュニケーションの場でどこまで問題になるかについて、過度に気にする必要はないということです。

さらに、いくつか紹介してみましょう（本名二〇一二、二〇一三）。よく海外で通じないといわれる和製英語も説明すれば通じるでしょう。日本のことを英語で話すとき、難関大学のことを difficult university と訳したり、短期大学を short university と訳したりすると、えっ?と聞き返されるでしょう。でも、What's a "difficult university"?（難しい大学って何?）と聞き返されたら、説明すればいいのです。これも、先であげた意味の交渉に含められるかもしれません。説明すると、難関大学というものが日本にあるということが理解できるでしょう。ペーパードライバーやゴールデンタイムなどは、ネイティブにも教えたい面白い表現です。

日本語では主語をいわないことが多いので、Hearing don't like very much.（聞き取りはあまり好きじゃない）と、I（私）をつけないでいったとします。でも、だからといって、誰のことかわからない、というのは文脈上、あまり想像できません。This restaurant is delicious.（このレストランはおいしい）という文も、英語としては変なのだそうです。でも、食事に感激して This restaurant is delicious. といったときに、ぎょえっ!この日本人はレストランを食べてしまう怪物なのだ、と思う人はいないわけで、常識的に、このレストランで食べるものがおいしいといっているにちがいないと理解してくれるはずです。このように考えていくと、文脈から切り離しておかしいとされる表現も、おおかた必死に直すほどのことではないと思われます。

むしろ、母音を加えて発音しがちな日本英語は、世界的に見てもわかりやすいという研究さえあります。ネイティブ英語が「筆記体」だとすると、単語一つ一つを丁寧に発音する日本英語は、いわば「活字体」のようなもので、聞き取りやすい面があるのです（末延二〇一〇）。もちろんあまりでたらめな英語だったらお話にならないでしょうが、ある程度きちんと英語を学んだ場合は、実はアメリカ人より日本人の英語のほうが通じやすいことすらありうるのです。

そういった場合、アメリカ人の英語をめざす意味はどこにあるのでしょうか。もちろんアメリカに住みたいとか、アメリカの文化が好きで学びたいという人は、がんがんネイティブ英語をめざす意味があるでしょう。これはどんな言語でも同じで、相手言語をめざして学ぶ重要性は変わらないのですが、国際語として英語を学ぶときには、目標を考え直したほうがいいのではないでしょうか。

ネイティブ英語に代わる国際基準とは

ここで当然生じる疑問は、世界中みなが日本英語だのイタリア英語だのアラビア英語だのを話しはじめたら、通じなくなるのではないか、というものです。国際英語といっているのに通じなかったら、元も子もありません。

もちろん国際英語論者はそのことも考えています。まず提案されているのが、国際英語として最低限の約束ごとみたいなものを考えようということです。たとえば発音において、必要な区別と不必要な区別を判別しようという研究があります（Jenkins 2000）。たとえば this という単語を発音するとき、歯の間に舌を出すという発音をがんばって舌を噛み切る危険性をおかすよりも、ジスといってしまっていいということがいわれています。あるいはディスでもいいです。ディス イズ マイワイフ（こちらが私の妻です）と紹介して通じなかった、という経験をした人はおそらくいないでしょう。とすると、これはがんばらなくてもいい発音であるということになります。実際、航空管制官やパイロットの場合は、th のネイティブ発音はむしろ聞きとりにくいので、そのような発音はしないようにといわれているとのことです。

語彙についても、英語学習者が誤りをするときには、単にできないというわけでは必ずしもなく、実は体系的な類推による誤りもかなりあります。子どもがよくやることです。子どもは、「きれいじゃない」といわずに、「きれくない」ということがあります。「汚い」なら「汚くない」だし、「大きい」なら「大きくない」となるんだから、同じように考えて、「きれい」から「きれくない」というわけです。残念ながら「きれい」の場合、「汚い」と違って終止形は「きれいだ」となるので、日本語の文法では「きれくない」とはならないのですが、子どもなりに体系的に考えているわけです。ましてや、学習者が文法的に正しく考えて、不規則変化を規則的にいった場合、それをあえて直すことには、伝え合ううえでどういう意味があるのでしょうか。鈴木孝夫の考え方に近くなりますが、went や came といわずに goed と comed で伝達上は何の問題もありません。I goed there yesterday.（昨日そこへ行きました）といって、通じないということはないでしょう。どういう誤りか相手にわかっている時点で、すでに通じているのです。なくてもかまわない要素もあります。三人称のとき動詞につく s は、実際に国際コミュニケーションの場で使われなくなる傾向があるとのことです。He goes to school.（彼は学校に行く）の代わりにHe go to school. といっても同じように通じるし、誰も困らないわけです。

さらに、創造的な体系化の現れをあげてみましょう。examineという単語は「試験」という名詞の意味もあるし、「試験をする」という動詞の意味もあります。そこで、動詞だということを明確にするため、examinateという言い方が見られるようになっているそうです。そうすると、education（教育）とeducate（教育する）のように、名詞であることが明確なexaminationと対応します。現在の国際英語は、ネイティブをはるかにうわまわる大量の学習者の参入によって、このように規則化する方向で発展しているということがいわれます。

意味を明確化することについてしばしば指摘されるのが、慣用句（イディオム）の問題です。ネイティブ英語をめざす場合には、ネイティブが育んできた慣用句こそが英語表現の真骨頂といえます。慣用表現をうまく使いこなせることが英語の達人の証のように思われることもあります。ところが、国際英語という観点から見ると、慣用句ばかり使っている人は、意味不明の話し方をする人になりかねません。あまり模範的ではないともいえます。慣用句をたくさん覚えているのが、優秀な国際英語の使い手かというとそうではなく、むしろ慣用句を使わないと表現できない、問題の多い話し手ということになりかねません。

英語は基本的な動詞を使った表現がたくさんあります。get off, get out, put off, put out, take off, take onなどなど。そういったものを使うのはなるべく避けて、意味の明確な語彙を選択しようという動きも見られます。put off よりも postpone といえばすぐにわかるということです。意味的に put と off を足しても postpone にはならないわけですから、こういった慣用的な組み合わせ表現は意味が不透明でかえって紛らわしいのです。

わかりやすさを追究した国際コミュニケーションをとるための方針として、発音においては th などの不必要に困難な発音をせず、語彙や文法においても s の省略や、規則に従った「合理的な誤り」を認容し、表現上も、慣用句などを避けるということが浮かびあがってきました。母語英語がネイティブの地域文化に根差して豊かに発展してきたように、国際英語には国際英語が使われる状況に適したルールが発展しつつある、ということです。これは別に言語としておかしなことではなく、どんな言語も使われる状況に応じて発展してきたのです。

英語が崩れてよくない、と思う人は、現代英語も、古典的な英語と比べてみるととんでもなく崩れてしまっているということを思い起こすといいでしょう。言語接触によって発展してきた英語は、他の多くのヨーロッパ語がもっている格変化などをおおかた失いましたが、だから英語が崩れて使えない言語になってしまったと本気で思う人はいないでしょう。

世界各地の人々による意味の交渉や創造性によって、英語は、さらにきたえあげられ、豊かになる可能性をもっている、というのが国際英語の考え方です。

ネイティブに国際英語を教えよう！

国際英語には母語英語と異なる特徴があるということになると、英語学習者だけではなく、英語ネイティブも国際英語を学んだほうがいい、という議論が出てきてもおかしくありません。実際、ネイティブのための国際英語研修も提案、実践されています。国際英語の趣旨や留意点を理解して、早口でまくしたてず、場合に応じてゆっくり明瞭に話すということこそが国際的なマナーであって、自分は英語が母語だから思い切り話せると思うのは非国際的な態度であることを納得してもらうのです。ネイティブに限らず、英語力が高い人には国際的な場ではそれなりの配慮が求められます。ダグラス・ラミスという政治学者が、こういうことをいっています。

「英語の勉強がこびへつらいの型から解放の道具へと変った時、日本人が英語を学ぶときに持つといわれる有名な『特別のむずかしさ』は霧のように消えうせるであろう。（…）英語を学びたい日本人は東南アジアの人達と一緒になって、アジアのスタイル、文化、歴史、政策を反映するアジア系の英語をつくり出してゆけばよい。そしてその時、もしアジアにやってきたアメリカ人が、この新しい英語が解らないと文句を言ったら、彼こそ、外国語学校に送られるべきである」（ラミス一九七九、三六頁）

まさに発想の転換です。つまり、ネイティブが「こうはいわない」といっても、「アジアではこういう」といえばいいのです。今の英語教育は、ラミスにいわせると、こびへつらい教育です。つまり、細かい発音や表現までネイティブの真似をしようとするあまり、英語を不必要に難しくしてしまっているというのです。ネイティブにも語彙や表現に制限を課す「グロービッシュ」も、国際英語のルールの一つの提案です（ネリエール／ホン二〇一一）。

先日、海外出張の機内で、スイスの学校のプログラムに参加した日本の中学生のことをとりあげた番組を観ました。題して「心の翼を広げよう」。「真の国際人養成学校」に行った中学生の話とあったので、興味をひかれて観てみました。すると、この学校はアメリカンスクールでした。「アメリカ人＝真の国際人」といわれること自体、あれっ?といいたくなるのですが、ここではこの番組のなかでとりあげられた一つの出来事を紹介したいと思います。主人公の日本の中学生は、このプログラムに参加した生徒が出場できるtalent show（出し物大会）に出ないかと先生が誘ってきたのをtown show（町でのショー?）と聞き間違えて断った結果、せっかく見せられる特技があったのに披露できずに悔やむ、という話です。ここでのオチは、もっと英語を勉強しなきゃ、ということだったのですが、国際英語の観点からは、ちょっと待った!といいたいところです。「真の国際人」の見本を示すのなら、教員は、talentとtownを聞き手が聞き間違えるようなあいまいな発音でいいのかということを反省しなければいけないでしょう。私には、異文化環境で意思表示ができた中学生は立派で、問題はむしろ教員の側にあるとしか思えませんでした。

国際英語の効果と限界

以上のように、英語学習者の語学能力を、ネイティブの発音や表現に近いかどうかよりも、異なる言語を話す人にわかりやすいかどうかで評価すべきだ、というのが国際英語の考え方です。このような国際英語に期待される効果は、ネイティブと非ネイティブの格差が縮減され、非ネイティブにとっても気後れせずにコミュニケーションへ参画することができることによってコミュニケーションがより公平で双方向的になることです。成り上がり戦略と違って、ここには、ネイティブと非ネイティブの双方の歩み寄りがあります。どんなコミュニケーションでも、大切なのは相互の歩み寄りです。国際コミュニケーションが例外であっていいはずはありません。

また、国際語として英語を学び使うときには、ネイティブ英語を目標とした場合に比べ、発音においては必要な区別だけを、文法においては規則化・簡素化・明確化を心がけ、慣用句は避けるなどといったことで、学習時間を減らすことができます。そして、ネイティブ英語よりも国際的に理解されやすい英語の発信を身につけることにより、国際コミュニケーションがより効率的、効果的になると考えられます。国際的な意思疎通がより円滑になるのみならず、英語学習に割いていた時間を他のこと（他言語を含む）に割けるという副産物も期待できます。

しかし、本書は物事の両面を見るのが趣旨ですから、国際英語の問題点にも目を向けてみましょう。国際英語に対する代表的な批判は、国際英語といってみたところで、英語の特権的地位は変わらず、言語能力の格差は残るというものです。話し言葉では可能でも、書き言葉では規範を緩めることは難しいということも指摘されています。国際英語を話してもネイティブと対等なやりとりができるわけではありませんし、ネイティブがはたして国際英語でのコミュニケーションに協力してくれるかも未知数です。

ですから、国際英語なんて英語を受け入れやすくなるための煙幕（目くらまし、ごまかし）だという意見もあります。社会言語学者の田中克彦は、国際英語はつまるところ、「本物の英語」に道を開く「露払い言語」にすぎないといっています（田中二〇〇七）。日本英語などは「レベルが低い」と見なされてしまい、より威信があり「かっこいい」と感じられる「純正英語」をめざす結果、ネイティブ規範はゆるがないのでは、ということです。明治時代に森有礼が英語を日本の公用語にすることを考えたとき（第6章、一一八頁）、不規則を除いた英語を採用するという案をアメリカの言語学者に出したところ、その言語学者は、そのような英語は正統な英語に対して劣ったものと見なされるからやめたほうがいいと返答しました。これは現代にもあてはまる論点です。

まったく逆の観点からの批判もあります。英語圏の文化を尊重する必要があるというものです。国際英語の話をするときによくある反応は、「言語と文化は影響し合っている。英語にも英語圏の文化が含まれていて、『国際語』にするためにその言語を変えるのはおかしい」というものです。英語の文化を学習者が尊重する必要もあるというのです。

言語を学ぶとき、その言語を話している人たちの文化を尊重することはたしかに大切です。母語英語（民族英語）と国際英語を分けるといっても、現実には英語は、民族語と国際語が癒着しています。国際語として英語が魅力的なのは、英語圏が魅力的だから、ということも否めません。母語英語と切り離してしまったら、魅力が半減（以上？）するというのは理解できます。英語学習者は英語を学ばないといけない代わりに、ネイティブは自分たちの言語がかき乱されるのを認容しなければならないから、お互い痛み分けでいいではないか、ということをいう人もいますが、どちらにとっても否定的な要素で相殺し合うというのは、あまり気持ちのよいことには思えません。

国際英語はたしかに、英語の国際化に伴う格差の縮減にとって手がかりを含んでいると思います。他方、国際英語に対する批判はいずれも簡単に否定できるものではありません。私としては、国際英語に賛同する人は、とりあえずできる範囲で国際英語の発想をもって使っていけばいいのでは、と思います。と同時に、国際英語が、情報の流れの問題など、国際語として英語が使われることに伴う問題をすべて解決すると考えないほうがいいでしょう。過度に期待せず、またそもそもなるべく英語に依存しすぎないことがより根本的だと思われます。国際英語とは、国際的には英語を使おう、という趣旨ではなく、英語を国際的に使うときは母語英語とは違う英語であることを念頭におくということです。その意味では、国際英語がそれほどかっこよくないと思われ、それほど魅力的でないとしたら、それは実は、過度な思い入れや使いすぎを防ぐ、国際英語の長所なのかもしれません。そのほうが、節度をもって使いやすい可能性があるとも考えられます。

《コラム5》カタカナ語の功罪

日本語には、外来語、いわゆるカタカナ語が数万語あるそうです。しかも日々増えている印象を受けます。これは海外から見ても興味深い現象であるようで、『言語学百科事典』（クリスタル一九九二）では、「外国のものが最高であるとき」（同、四九七－四九八頁）と題した節において「商業活動の一環として外国語を最も多用しているように思われる文化」として日本がとりあげられています。「日本は、コマーシャルで外国語（主として英語とフランス語）が頻繁に用いられる、唯一の単一言語国家」なのだそうです。日本が単一言語国家であるのは誤解ですが、カタカナ語を使いまくっているのは疑いがありません。いったいなぜこんなにもカタカナ語が増えるのでしょうか。

カタカナ語をとりいれるわかりやすい理由としては、それまでの日本語にない概念が言い表せたり、表現の幅が広がるということがあげられるでしょう。たとえば専門用語に関するカタカナ語は、漢字語ややまとことばにおきかえることが難しい場合がしばしばあります。私が研究してきた言語の社会的な役割に関してよく用いられる「アイデンティティ」という用語は、辞書を引くと「自己同一性」や「帰属意識」という言い方が出てきますが、どちらにしても、自分と他者の関係で自分を位置づける、というアイデンティティ概念の特徴がうまく出ません。どんどん新しい概念が生まれるＩＴ（これはカタカナ語ならぬアルファベット語ですね）用語などはカタカナ語だらけといってもいいでしょう。カタカナ語は、現代の日本語で、もはや欠かせない役割を果たしています。

でも、便利でいいね、というだけではない側面もカタカナ語にはあるのではないでしょうか。しばしば、すでに使われている日本語の表現で同じことがいえるのに、あえてカタカナ語を使う、ということが見られます。調査といわず「リサーチ」といったり、予約といわず「リザーブ」といったり、至るところにそういう例を見つけることができます。

ここにあるのは、カタカナ語を使ったほうがかっこいい、という考え方、というか感覚だと思われます。カタカナ語のほうが、漢字語よりも軽い感じがしますよね。せっかくきれいな黒髪があるのに茶髪にする人が多いのも似ているかもしれません。それはそれで好みの問題なのかもしれませんが、なんでも軽くしてしまっていいんだろうか、という疑問も感じます。たとえば、総務省は、はじめ「個人番号」といわれていたものを「マイナンバー」に呼び変えました。そうやって「親しみやすく」することをねらったそうですが、国民を番号で管理するというのは、そんな軽い話ではないはずです。あまり「親しみやすく」ならないほうがいい気がします。もっとひどいと思うのは「ヘイトスピーチ」です。これははっきりいって「憎悪表現」

です。ことばも行為の一種と考えるとまさに犯罪行為ですが、「ヘイトスピーチ」というと、軽いノリでしていることのように受け取られかねません。カタカナ語は、ことばを、そしてそのことばが表す事柄をよくも悪くも軽くしてしまう効果をもっています。

意味が軽くなる、という背景には、カタカナ語が、ふつうの日常語、よって日常生活からかけ離れているということがあるでしょう。要するに、生活実感とつながらないことば、言い換えると意味がよく理解されていないことばが多いのです。一番大きな問題は、多くの人に意味のわからないカタカナ語が、専門用語の範囲をこえて、日常生活にあふれ出てきているということでしょう。山田雄一郎（二〇〇五）は、これを「コミュニケーションの隠語化」と呼んでいます。隠語というのは、一部の人にしかわからないことばということです。そういうことばが広く用いられると、聞き手や読み手の多数の人は、何をいっているのかさっぱりわからない、ということになります。

実際、国立国語研究所が理解度を調査したところ、大部分の人が理解できないカタカナ語がけっこう使われていることが明らかになりました。いい例が「ハイブリッド」（混成、まぜあわせ）です。「ハイブリッドカー」が有名ですが、この単語が何を意味するか知らない人も少なくありません。以前、ある人が「うちの子はハイブリッドなの」といっていたので、私と同じ「ハーフ」かと思って聞いてみたところ、そうではなくて、「元気な子」という意味だったのです。ハイブリッドカーというのは、走りがよい車だと思っていたのです。

先ほど紹介した山田は、カタカナ語の現状について、次のように述べています。

「まるでわれわれ自身が意味の混乱を喜んでいるかのようである。（…）たとえて言うならば、官民あげて熱狂する終わりのない祭礼である。（…［ただ祭礼と違って］）当事者であるわれわれ自身、それが熱狂であることに気づいていないのではないか」（山田二〇〇五、五九頁）

山田はとりわけマスコミにおけるカタカナ語の氾濫に批判的です。

「大部分の読者が戸惑うことを承知で、そのような外来語を使用するのは、第三者を排除した対話の典型例であり、マスコミとしての『倫理の欠如』を疑われても仕方がないと思うが、どうだろうか」（同、一三四頁）

日本社会でカタカナ語が果たしている機能を見ていくと、その主要な機能には、ごまかしやあいまい化が含まれるといっても過言ではありません。だから政治家も往々にしてカタカナ語が好きなのかもしれません。カタカナ語を使えば、意味がわからなくても、なんでも新しくかっこよく聞こえます。

このように、カタカナ語は伝え合いを豊かにすることができる反面、むやみなカタカナ語の使用は、伝え合いを破壊してしまいます。こう考えていくと、カタカナ語はまさに「節英」の身近な課題であることが見えてきます。節英の観点からは、英語自体の使用と同様、日本語内の英語（カタカナ語はほとんどが英語ですから）であるカタカナ語についても、排斥でも乱用でもなく、吟味して使うことが大切だということになります。

では、カタカナ語をどのように節英できるのでしょうか。まず、自分もよくわからないし相手もわからないようなことばは使わないということでしょう。また相手がそういうことばを使っていたら、恥ずかしがらずに聞くことです。私も、保険を売りに来た人が、「コンプライアンス」などとわけのわからない概念をしきりに口にするので、わかることばで説明してください、とお願いしたことがあります。

わけのわからないカタカナ語の代わりに、わかりやすいことばで言い換えることもできます。国立国語研究所は、「アセスメント→影響評価」「インフォームドコンセント→納得診療」といった言い換えを提案しています。これは、明治以来、日本人がやってきた概念翻訳の延長と考えれば、とくにおかしなことではありません。でも、カタカナ語のもつ「かっこよさ」はふっとんでしまいます。

その点、新井聡『片仮名語和改辞典』（二〇〇九）は、しゃれた提案を含んでいて、読んでいても楽しいです。「チェックイン→宿入《やどい》り」ときたら「チェックアウト」は「宿立ち」です。球技で故意に相手にぶつかる「チャージング」も「邪当たり」のほうがわかりやすいですね。

かといって、「クリームシチュー」を「乳脂欧風煮」とするのは、第二次世界大戦中の英米語排斥の一環としての「辛味《からみ》入汁掛飯《いりしるかけめし》」（カレーライス）を思わせて、やりすぎな気がします。先にあげた山田は、カタカナ語を形式的に漢字語に置き換えることはあまり意味がないといっていますが、私も同感です。

カタカナ語は英語を学ぶために役立つからいい、という意見もあるようですが、私たちが日本語で伝え合いをするのは、英語を学ぶためではありません。英語を学びたかったら英語を学べばいいのです。また、カタカナ語は、英語とは意味やニュアンスが違ったりするので、日本にいる外国人との会話ではむしろ避けたほうがいいという意見もあります。

おそらく誰にとっても一番身近な英語との接点であるカタカナ語は、節英の実験場でもあります。何気なく使ったり接したりするカタカナ語に、少し敏感になってみるのが節英の第一歩かもしれません。

8 国際語としての英語とどうつきあうか

では、節度をもって英語を使うことについて、もう少し具体的に考えてみたいと思います。といっても、実際の状況は多様なので、一般的な原則という形で検討してみましょう。本章で述べることは、国際英語が、よい効果と限界の両方をもっているということを前提にして、みんながこのように英語を使ったら国際コミュニケーションが気持ちよくできるのでは、と考えたものです。具体的に考える手がかりとして、私自身の経験もご紹介したいと思います。

何をしたいかを明確に（English for my purpose）

まず提案したいのが、学習・使用目的を明確にすることです。英語教育では専門的な場面で使う英語を「特定の目的のための英語」（English for Special Purpose）といいますが、どの場面で使うのかによって覚えるべき文法や単語が変わってくるため、自分の目的のための英語を学ぶことが学習時間を軽減して効率的に学習することにつながります。

学習・使用目的を明確にするとは、自分が英語を学ぶときに、いったいそれで何をしたいのだろうかをはっきりさせるということです。自分がオーストラリアに留学したいのか、ネイティブみたいな英語を話すようになりたいのか、あるいは国際ビジネスに使いたいのか、あるいは論文を書きたいのか、といったように、目的をはっきりさせて学ぶと、目的に合わせた学習ができるようになります。言語を学ぶことが好きな人であれば、朝から晩までいろんな言語を次々と学んで過ごすということもあるかもしれませんが、人生、言語を学ぶ以外にもやりたいことがある人がほとんどだと思うので、学校教育である程度基礎をおさえたあとは、「自分は何のために英語を学ぶのか」を意識することが大切です。目的に合わせてどんな英語をどこまで身につけるかを考える、ということです。

私が経験した例をご紹介します。以前、日本の空港からヨーロッパに行ったとき、飛行機がすごく遅れました。それで航空会社から昼食が出ました。みんなで案内されたレストランで、いつ飛行機飛ぶのかなーと待っていたのですが、近くに座っていた白人の人が、ウエイターに「私たちの飛行機はいつ出発するんですか」と英語で聞いたのです。このレストランは、飛行場内ではなくて、少し離れたところにありました。飛行機が何時に出るか、という質問は完全に想定外だったのだと思います。ウエイターはメニューをもってきたところだったのですが、先ほどの質問に、「ビーフ」

と答えたのです。今日の定食はビーフである、と。質問した人は聞きたかったことを一生懸命説明しようとするのですが、返ってくるのは「ビーフ！」、結局満足する答えは得られませんでした。つまり、そこのウエイターにとって必要な英語というのは、ふつうは食事の内容についてのことなのです。空港の近くなんだから飛行機の離発着に関する英語くらい学んだほうがいいんじゃないか、と思うかもしれません。たしかにできたらいいと思いますが、そのことを学ぶ余裕があったら他のことをやりたいということもあるかもしれないし、どんなに英語を学んでも、あらゆる想定外の質問に対応できるわけではありません。食事に関する質問であれば、客は、このウエイターは英語が通じる、という感覚をもったかもしれません。

同じように、海外旅行をすると、英語が通じるという経験をすることが多いと思うのですが、それぞれの場面で必要な範囲の英語だから通じているのです。たとえばインドの人力車の引き手に、「どこからどこまで行ってくれ」という英語は通じるかもしれないけれども、レストランの食事に関する話はできないかもしれません。それは当然なことであって、自分に必要な範囲の英語というものをみな身につけているわけです。学術やビジネスなどでも、特定の使用状況を想定し、その目的に適した英語を習得することが一定の合理性をもつのではないでしょうか。

もちろん語学好きな人はいくらでもどうぞ。ことばは実に奥が深いので、いくらでものめりこめるすばらしい趣味です。でも、とりあえず念のため英会話をやっておいたほうがいい、というのはどうなのでしょうか。英語は必要だとよくいわれます。電車の車内広告で英会話学校の広告を見かけない日はありません。英語はそれだけ必要なのだ、と思えてきます。でも、別の見方をすると、広告がそれだけ多いのは、実は必要だからではなく、必要と思わせたいからではないか、あるいは供給過剰なのではないか、とも考えられます。最近、私が通勤する電車で目立っているのが脱毛の広告です。「男も脱毛する時代」なのだそうです。本当かいな。私には、これはまったく不必要なものをあおっているようにしか見えません。英会話学校の広告は脱毛より多い、ということは、実は必要性がもっとあるのではなく、その逆なのでは、とも思えてきます。つまり、過剰供給で、より多くの顧客を自分のところにひきつけたいとねらっていると見ることができます。そういえば、大学の広告も多いですね。

私が英語を使うのは、主に論文を読んだり書いたり国際学会で発表したり、専門のことについて議論するときです。そのために使えればいいので、逆にいうと、シェイクスピアを英語で味わうことは、自分にとって優先順位が高くないことに属します。時間があったらそういうところまでいけたらいいなとは思うけれども、当面はそこに時間を割くのは自分の優先事項ではないということです。

共通語（国際語）よりも現地語優先で（subsidiarity）

英語を使う目的を意識するのと同じくらい基本的な原則は、なんでもかんでも英語でやろうと思わないほうがいい、ということです。できることならば現地のことばを使えると、人間関係の面からも情報の面からも一番いいのです。つまり、国際語としての英語というのは、他に選択肢がない場合に使う言語と考えたほうがいいでしょう。一般化していうと、「補完性」ということができます。英語では subsidiarity といいます。どっちにしてもあまりなじみのないことばですが、平たくいうと、「より身近なところでできることについて、より大きな単位は口を出さない」ということです。たとえば、家庭内でできることについては自治会は口を出さない。自治会でできることは市は口を出さない。市でできることは県は口を出さない。県でできることは国は口を出さない。ということで、上から全部決めていくのではなくて、小さい範囲、できる範囲でやっていって、それができない課題でより大きな単位が出てくる、ということです。家庭内で解決できない問題があった場合、それは自治会が解決する。たとえばゴミをどこに出すかという問題は、各家庭で決めても仕方がないので、自治会でゴミ出しの場所を決めます。ところが道路をつくるといったことになると、今度は市や県が出てきますし、外交などは国が前面に出ます。

これは、たとえばヨーロッパ連合（EU）で基本原理となっていることです。国とか、もっと小さい単位でできないこと、あるいは大きい単位で決めたほうがよいことについてはじめてEUが口を出す、そういう原理としてEUが採用している考え方です。

言語にあてはめてみると、より小さい単位でできる伝え合いには、あえてより大きな言語を使わないほうがよいということになります。方言でできることは方言ですましたほうがいいし、国単位では国の公用語が出てきます。そして外国に行ったら現地語がまず選択肢にあがり、他の手段で伝え合いが成立しない場合に国際語としての英語の出番となります。なぜかというと、第1部で見たように、共通語を使うということは必ずしもすばらしいことばかりではないからです。つまり意思疎通ができるのはよいことなのですが、もしイタリアに行くのであれば、できればイタリア語ができたほうがいい。でも自分はイタリア語はできないから英語を使う、となるわけです。あるいはたとえば日本にいる外国人と本当は日本語で話ができたほうがいいだろうけれども、日本語が十分にできない場合、とりあえず英語を使うという選択肢が出てきます。国際的にいろいろな国から人が集まって国際会議をするとか、そういった場合にこそ英語の本領が発揮されます。現実には国際的なコミュニケーションでは英語が多くなるでしょうけれども、それはいわば非常手段であることを意識するためにも、英語の位置づけをはっきりさせておくことは有意義です。

英語は、とりわけ国際的な移動に便利な飛行機のようなものかもしれません。飛行機が一番速く移動できるからといって、毎日の買い物に飛行機を使おうという人はいません。いつも飛行機を使うのが最適なわけではない。むしろ環境の観点からも、なるべく使わないほうがいいといえます。さすがに時間がかかってどうしようもないというときにこそ飛行機を使うということです。私は国内では、北海道や沖縄以外、飛行機は使わないようにしていますし、ヨーロッパに行くときも、域内移動は基本的に鉄道を使うようにしています。

言語は使えば使うほど身につくから、英語を使えるときはできるだけ使ったほうがいい、という考え方もあるでしょう。たしかに、言語能力を発展させる意味ではそのとおりです。でも、前節であげた、なんのために使うのかをはっきりさせるという点からすると、英語を話すことが自己目的化しているのは疑問符がついてしまいます。大学の講義の内容が英語を使って教えるようになったことで密度が薄くなったり、英語を社内公用語にしている会社で英語を使おうとするあまりにコミュニケーションが円滑にいっていない話を聞くと、本末転倒と思わざるをえません。

また、適切な場で適切なことばを使うのも言語能力に含んで考えると、とにかく英語を話したがることは必ずしも優れた言語遣いとはいえないでしょう。文明学者の梅棹忠夫は次のようにいっています。

「今後、国際化がどんどん進んでゆきますが、国際化とは英語を使うことではない。むしろ英語を使わなくすることが国際化への道だと、わたしは考えています。英語を使えば使うほど、国際化から離れてゆくのです」（梅棹二〇〇四、二四頁）

つまり、国際化が、英語圏だけでなくて本当に世界に目を向けることだとすると、英語を使うことに限界があることに気づかされるのです。

そうはいっても、他の言語はできないし、と思われる方も多いと思います。それについては次章以下で考えたいことですが、ちょっとだけ先取りすると、私は、少しでも他の言語ができる場合、その言語を優先することにしていますし、日本語でできそうなところはできるだけ日本語で試しています。

恥ずかしがらずに（courage）

英語が「非常手段」であるからといって、英語を使うことがもっとも有効な場面を避けてしまってはもったいないことです。英語を使ったらいい、というときに、英語は苦手とか横文字やだあ、とかいって逃げないようにしたいものです。

私は、学会では日本語やドイツ語で発表するほうが楽ですし自由に話せますが、英語がいやだという理由で国際会議に行かないということはありませんし、使えるときは遠慮なく使いたいと思っています。行く前は気がひけても、結果としていつも、行ってよかったと思います。

そして、英語を実際に使うことになったときは、My English、つまり自分らしい英語で大丈夫、という姿勢でいきたいものです。英語を話すときに、自分としてこれが話しやすいという英語であれば、それでいけばいいのではないでしょうか。つまりネイティブや別の人がこう話しているからそれに合わせるのではなくて、自分の慣れ親しんだ話し方でいい、ということです。英語を自分のアイデンティティの一部にする、と言い換えてもいいでしょう。ヨーロッパでは、言語を養子にする（養子言語）という言い方もあります（一八七頁参照）。自分のところにひきとって育てるという趣旨です。自分の養子だから、自分らしい育て方でいいのです。だから、ブログやフェイスブックなどで、Excuse my English.（拙い英語ですみません）といった表現を見かけますが、このように卑下する必要はないのです。

もちろん、英語圏に長くいたから自分らしい話し方がネイティブっぽい、というのも自分のアイデンティティの一部です。そういう場合、あえて日本風にする必要はないわけです。

私自身については、自分の英語がひどくドイツ語と日本語の影響を受けた発音であることは重々承知していますが、英語の発音を矯正しようとは思っていません。経験上、通じることはわかっているので、これ以上、ネイティブをめざして直す必要は感じていません。

もちろん発音が自我流でいいとは限りません。通じるところまでもっていくのは大切です。実は日本語の場合、私は発音矯正をしたことがあるのです。私は幼少時から家でドイツ語を使っていたので、r音は喉の奥をこするようなドイツ語発音でした。それで長いこと日本語のラ行音が発音できなかったのです。木村護郎クリストフという、ラ行音がまんべんなく出てくる自分の名前をわかってもらえるように発音できず、Goroという名前だというと、「えっ、ゴッホ？　お父さん画家？」とか「五号ってかっこいい名前だね」とかいわれていました。これからずっと日本で過ごすのに毎回のように誤解を招くようでは困る、ということで、大学生になってから直しました。大学生になるまでは生きている世界も狭いので、私を知っている人は奴は妙なしゃべり方をするというのはわかっているのですが、大学に入って名古屋から東京に引っ越したとき、自分の名前が正しく伝わらないのを経験すると、一生こうやっているわけにはいかないと思って、日本語のラ行音の発音を練習しました。友人が夜の公園で発音練習に付きあってくれて、今はラ行を発音できるようになりました。日本語に関してはこのように必要を感じて直しましたけれども、英語に関しては今は必要を感じていないので直すつもりはありません。

英語の慣用表現もとくに覚える努力をしていません。覚えて知っておくと楽しいと思うのですが、自分にとって時間を割く楽しいことの優先順位は他のことのほうが高いので、英語の慣用表現は使わないで自分の英語表現を追究したいと思っています。論文を書くときも、自分で思いつく表現でやっていくことにしています。そしてそれでどこまでいけるか試してみる、という感じです。

他者の力を借りつつ（autonomy）

自分なりの話し方でよいとはいっても、英語を書くときは誰かに見てもらって、通じることを確かめるほうがよいものです。母語（日本語）であっても、思わぬところで伝わらないことや表現がうまくいっていないことがありますから。本書も、原稿を友人に読んでもらいました。ましてや自分の母語でない言語の場合、うまく他者の力を借りることは有意義なことです。

ただ、英語の校正をしてもらうとき、ネイティブがいっていることがすべて正しいと思ってうのみにしていてはいつまでたっても自立した英語使用者になれないので、指摘を受けたら自分でもう一度考え直すのがお勧めです。そのほうが英語の勉強になる、というだけではなく、もしかしたら非ネイティブが使う言い回しのほうが（ネイティブからすれば「こうはいわない」というものであっても）ことばが伝わりやすい場面もあるかもしれないからです。あまり洗練された表現よりは、語彙が足りないところを説明的に表現するほうが読み手に伝わりやすいことも考えられます。ただ、これは非母語者側にも一定レベル以上の英語力が問われる難しいことでもあります。

自分で判断することに限界がある場合も、指摘・修正されたことに逐一落ち込む必要はありません。私は、英語の論文などを見てもらうときに、直してもらったことをそのままうのみにせずに読み直して、自分にわからない表現だったり納得いかなかったら、それは受け入れないで、別の可能性を考えます。自分なみの英語力の人にも理解できる英語にしたいので。自分が使えないような表現は、自分で使える表現に戻します。そうしないと責任がとれないからです。ネイティブの素晴らしいチェックが実は国際的に通じる英語としてわかりやすいとは限らないと思うのです。

ですから、わかりやすい英語をめざすうえでは、必ずしもネイティブチェックである必要はなく、むしろ非ネイティブが理解しやすいような英語を使用できているかをチェックするべきだという考え方ができます。最近、私が大学で企画に参加した国際研究会では、はじめ、発表者の要旨の提出の案内は次のようになっていました。

「提出した要旨をそのまま印刷して製本するので、ネイティブチェックを受けたものを提出

してください」（原案）

これを、準備委員会のなかで話し合って次のように変えました。

「ご提出いただいた要旨は、そのまま印刷・ウェブ掲載の予定です。学術英語に詳しい方のチェックを受けたものを提出いただきますよう、どうぞよろしくお願いいたします」

多様性を尊重する（diversity）

国際語として英語を使うということは、さまざまな文化的・社会的背景をもった人が使うということですから、それを反映させる英語の使い方を考えたら、お互い気持ちよく伝え合えるのではないでしょうか。英語圏の文化もそのなかの一つとして尊重される、ということになります。

わかりやすい例が名前です。私は、アルファベットで自分の名前を書くときも、KIMURA Goro Christoph と書くようにしています。家族名を大文字にしているのは、そこが家族名だと示すためです。頭文字を書くときは、KGC です。英語圏風だと Goro Christoph Kimura になるところですが、名前まで合わせる必要もないだろう、と思うのです。論文でも、自分で決められるときは日本語のままの順番にしています。英語で共著を出したときは、前書きに、Japanese names are given in the established Japanese order, family name first.（日本の名前は日本の語順で姓名の順に記してあります）という注釈をつけました。

あえてそんなにこだわることでもないので、編集者にひっくりかえされるときは放っておくこともありますが、かといってどうでもいいことかというと、そうも思えません。名前を欧米風に（といってもヨーロッパでもハンガリーなどは日本語と同じ姓名の順ですが）ひっくり返すことはどことなくかっこいい、あるいは国際的だ、という感覚はあまり好きになれません。いろいろな文化を尊重するということを考えると、名前をひっくり返したほうがいいとは思わないのです。英語を国際語として使っているときも、英語圏のやり方を国際標準にするわけではない、という考え方の一つの表明としてやっています。といっても、いうまでもなく私の発案ではなく、英語圏で日本に関して書かれた本や論文では、よく見られる方法です。そもそも名前は世界各地で多様であり、「個人名＋家族名」で収まるはずがありません。一つの枠に押しこめようとするほうが、ありえないほど「非国際的」です。

多様性を尊重するということは、相手の文化的・社会的背景を尊重することでもあります。発音にしても、母語が違えばいろいろ違ってきます。先に、自分らしい英語で、ということを書きましたが、それは他者の多様な英語も（通じるのを前提として）認めるということです。いろいろな英語があるということを尊重して理解する努力をすることは国際英語の基本的な作法でしょう。

節英五か条

以上、五項目をとりあげました。これらをあわせて「節英五か条」と呼ぶことにしましょう。

【節英五か条】

第一条　何をしたいかを明確に（English for my purpose）
第二条　共通語（国際語）よりも現地語優先で（subsidiarity）
第三条　恥ずかしがらずに（courage）
第四条　他者の力を借りつつ（autonomy）
第五条　多様性を尊重する（diversity）

ここであげた五か条は、いわば現在の日本における英語学習・使用について見られる現象をひっくりかえしたものと見ることができます。受験以外に目的もなくとにかく学ぶこと、いつでもどこでも外国人と英語を使いたがること、逆に、ここで英語を使ったらよいと思うのに自分は英語が苦手だとかいって逃げてしまうこと、何が伝わりやすいかということを自分で考えないでネイティブに任せてしまったり、かっこつけて難しい表現を使うのがうまい話し方と勘違いしたりすること、英語文化を世界標準として世界中みなそれに合わせるべきだと思うこと。こういったことを逆にしてみたら、このような方針、指針が導き出されるでしょう。

私は、この指針は一般性があると考えていますが、本書を読んでくださる方は、これをうのみにすることなく、自分にあてはまるか、またあてはまるとしたらどのようにあてはまるか、ぜひ考えていただければと思います。英語訳の案もつけてみたので、英語話者と国際コミュニケーションについて話す機会があれば、話題にしてみるのもいいでしょう。

9 りんご（隣語）をかじろう

国際英語が、いわば広く浅くコミュニケーションをとるためだとすると、通用範囲は狭くとも、より深く他文化・他地域を知るための言語学習・使用があるはずです。英語圏をよりよく知るために「母語英語」を学んでいくということでもいいですし、英語以外の言語を学ぶこともここに含まれます。本章では、さらなる言語を学んで使う意義について、とりわけ第1部であがったような視点や情報の流れに関する課題をふまえて、考えてみたいと思います。

異なる視点への気づき

新しい言語を学ぶ意義としてまずあげられるのが、異なる視点の可能性に気づくということです。言語が異なると何が異なるのか、考えてみましょう。

もっとも気づきやすいのは語彙の違いです。といっても、単に、日本語の「家」が英語ではhouseという、といった呼び方が違うだけではありません。日本語の「家」と英語のhouseでは、何をイメージするかも異なっています。英語のhouseには「邸宅」や「会館」という意味もあるので、大統領官邸をWhite Houseといっても違和感はありませんが、日本語の「白い家」からは大統領官邸はイメージできないでしょう。私たちは英和辞典など、他言語と日本語の辞典を引いて、単語同士が対応しているような感覚をもちやすいですが、二つの異なる言語で、意味範囲や含意まで まったく同じ単語というのは実はほとんどないといっても過言ではありません。

さらに大切なことは、事物の切り取り方がしばしば違うということです。よくとりあげられる例として、日本語にはriceに対応する単語がありません。「米」じゃないか、と思うかもしれませんが、夕飯のときに「米のおかわりください」とはいいませんよね。「ご飯」といいます。同じく、rice fieldといっても、そこに植わっているのは「米」でも「ご飯」でもなく、「稲」です。そして稲穂からとれるのは「籾《もみ》」といいますし、中を取り出せば「米粒《こめつぶ》」です。これが全部、英語のriceに相当します。では、カタカナで書く「ライス」がriceと同じかというと、これも違います。日本語のライスは、米、ご飯、稲、籾、米粒、といったものとは区別される概念になっています。典型的には、洋食屋で平皿に載せられてくるのが「ライス」です。

コラム5（一五四頁）でもふれましたが、そもそもカタカナ語は、日本語の語彙のなかに付け加わる時点で、他の語彙との関係で意味が調整されるので、和製英語でなくても元の言語とは違う意味の単語になるのです。ですから、日本語の語彙環境におかれる以上、カタカナ語が元の英語と同じ意味になるということはありえません。英語で kids' room というと文字どおり「子ども部屋」ですが、日本語で「キッズルーム」というと、施設等の「遊具室」を指すことが多く、英語にはないカタカナ語としての意味になります。

英語以外の例も見てみましょう。私は大学でドイツ語の授業も受け持っていますが、ドイツ語を教えていると、かなり基礎的な語彙でも単語が一対一対応しないということが出てきます。日本語人にとって楽なのは、日本語で服を着ている、くつを履いている、帽子をかぶっている、眼鏡をかけている、カバンを手にもっている、といった異なる動詞で表すことがすべて tragen（身につけている）という動詞に含まれてしまうといった場合です。逆に、「行く」という動詞は、辞書を引くと gehen とあるのですが、gehen は基本的に「歩いていく」という意味なので、東京での会話のなかで「大阪に行く」というつもりで Ich gehe nach Osaka. というと、大阪まで歩いていく、ということになりかねません。まあ、実際の会話ではそう額面どおりに受け取る人はまずいないのですが、基本的に、移動手段について中立的な「行く」という動詞がないので、移動の方法を含めて表現するしかないのです。乗り物で行くときは fahren、飛ぶときは fliegen、そして現代ではあまりありませんが、馬など動物に乗っていくときは reiten という語があります。

ここから表現法の違いも生まれてきます。ドイツ語では、「先週、ドイツに行った」というときは Ich war letzte Woche in Deutschland.、直訳すれば「先週、ドイツにいた」というのです。そうすると、移動手段を回避できますね。このように、初級の段階から、言語によってどういう事象を区分けするか、どこに焦点をあてるかが違うことに向き合うことになります。

表現の違いは枚挙にいとまがありません。「いただきます」や「よろしくお願いします」「お疲れさま」といった日本語で日々使う表現も、他のことばに訳すのは至難の業です。

また、話題の対象とは別に、話し手や書き手がどの視点から語っているかも言語によって異なるということがしばしば指摘されています。たとえば、日本語は「内からの視点」、英語は「外からの視点」が多いといわれます。

有名な事例が、川端康成の「雪国」の冒頭です。「国境の長いトンネルを抜けると雪国であった」という文からは、汽車の座席から窓を通して雪国の様子が見える情景が思い浮かびます。それに対して、E・サイデンステッカーの英訳 The train came out of the long tunnel into the snow country. では、トンネルから出てくる電車をいわば上から見下ろしているような表現となってしまいます（金谷二〇〇四）。これは、この英訳に問題があるというよりは、言語による視点のあり方の違いなのです。日本語では話し手の内から語るのに対して、英語では外から見て語る傾向があるのです。

ドイツ語もこの点、英語と似ています。ドイツ語を学ぶ学生が面白がるのは、たとえば Ich lege mich auf den Bauch.（私は自分をおなかの上に横たえる）という表現です。これは「うつぶせになる」という意味です。逆に、自分を背中の上に横たえる、というと仰向けになるということです。ドイツ語では、私という意識上の存在が、自分の体を客体視しているように感じられます。

私は子どもとはドイツ語で話し、就寝前は一緒にドイツ語の本を読んでいますが、グリム童話の『星の銀貨』という話を読んだときのことです。心のやさしい女の子が森の中で会った、服を着ていない貧しい子に自分の服を着せてあげるときに自問自答する箇所で、Es ist dunkle Nacht, da sieht dich niemand, du kannst wohl dein Hemd weggeben.（暗い夜だから誰もきみを見ないよ。きみはシャツをあげてもいいでしょう）といいます。そこでうちの子が、きみって誰のこと？と聞くので、はっとしました。ドイツ語では、独り言をいうとき、自分にdu（きみ）と話しかけることがあります。これも、話す主体が自分の外にいるかのようです。

このように、言語によって事物の切り取り方や視点が異なるわけです。こうして、言語が違うと世界が違って見えるということがいわれてきました。どう切り取ってどう表しても世界自体は変わらないのでは、という疑問があることでしょう。でも、たとえば星空を見上げてみましょう。冬であれば、オリオン座が目にとまるでしょう。あの星のつながりをオリオン座と習った私たちには、オリオン座を構成する星がつながってオリオンに見えてしまうのです。オリオンの胴体部分は日本では鼓星《つづみぼし》といわれてきたので、昔の日本人は夜空に鼓を見出していたにちがいありません。同じ夜空であっても私たちが星をどうつないでどう表現するかによって、全然違って見えるのです。世界の異なった見方を知ることに、別の言語を学ぶ大きな意義があるといえるでしょう。

同一の事物でさえ、言語によってさまざまな意味やイメージがあります。世界の言語がみな同じ語彙体系や表現法をもつのであれば、これだけ多くの言語があることは単なる無駄にほかなりません。しかし、異なるからこそ、言語の多様性は世界にいろいろな見方を与えてくれて、世界観を豊かにしてくれるのです。より詳しくはドイチャーの著作（二〇一二）がわかりやすく、お勧めです。

言語の社会的な相対性

しかし、言語の違いは語彙や表現の違いにとどまりません。言語の語彙や文法がものの見方に影響するということを「言語の相対性」といいますが、それとは別に、その言語の社会的なあり方が私たちの世界観に影響を与えることを「社会的な言語相対性」と呼びたいと思います。これは、ある言語にある世界観が内包されている、といった抽象的なことをいっているのではありません。社会的に見ると、どの言語も、それを用いる人々の範囲が異なります。言語によって使い手および語りかける対象となる人々が異なるわけですから、それに応じて表現する内容も異なってくるのです。何がどのようにいわれるかという言説を形づくる枠組みの一つとして、使用言語をあげることができるということです。第４章でとりあげたソルブ語の写真説明がまさにそういう例です。

言語によって表現内容が異なることはインターネットでも簡単に確かめることができます。たとえば、Yahoo! のサイトにはいろいろな言語版があります。日本の yahoo.co.jp とアメリカ英語版 yahoo.com ではデザインも内容もまったく異なります。日本語版とアメリカ英語版は他言語とつながっていないので、意識したことがないかもしれませんが、たとえばドイツ語版 de.yahoo.com を見ると、右上に他の言語版にも飛べるような印があって、他言語版と簡単に比較ができます。もしYahoo!でニュースを見ているとしたら、何語で見ているかで世界の見方が変わってしまいます。日本語版とアメリカ英語版だけがそれぞれ他言語と切り離されてしまっているのは、経営上の理由なのでしょうが、なんとなく象徴的でもあります。

ネットで多言語比較がもっとしやすいのがウィキペディアです。ご存じのとおり、ウィキペディアは、左側に言語が選択できるようになっていて、同じ項目についていろいろな言語で読むことができます。記事の数は英語版が一番多いのですが、項目によっては、英語版がなかったり他の言語のほうが充実しているものも多々あります。個々の記事について、話者が多い言語のほうが情報量が多いとは限りません。自分の関心のある事柄について、いくつかの言語で比較してみると面白いでしょう。授業でも、そういう課題を出すことがあるのですが、どういう記事が何語で存在するかということから、記事の記述の量や内容の言語による違い、言語ごとの細かい表現の違いまで、とても興味深い分析結果が集まります。ぜひやってみてください。

このように言語ごとに物事の切り分け方や視点、表現されている内容が違うことに気づいて世界観を豊かにしていくことが他の言語を学ぶ意義として考えられるのですが、他の言語を学ぶ意義として、ドイツの文豪ゲーテの次のようなことばがよく引用されます。

「外国語を知らない人は自分の言語のことも何も知らないのである」

このゲーテのことばは、外国語を学ぶことは自分のことばを見直すことにもつながるということを述べているものですが、ある日本の英語教材で次のように翻訳されていました。

He who knows not a foreign language, knows nothing of his own.

なお、ドイツ語の原文は次のとおりです。

Wer fremde Sprachen nicht kennt, weiß nichts von seiner eigenen.

日独英の三つともことばは違っても同じことをいっていると思われるかもしれませんが、ドイツ語原文には、実は日本語訳とも英語訳とも違う内容が含まれているのです。以下を読む前に、まずは日本語訳と英語訳がどう違うか、比べてみてください。ドイツ語を学んだことのある方は、ドイツ語もぜひ。

まず、日本語で「外国語」と訳されているところに注目しましょう。ここには「国」が含まれています。これは、国と言語を対応させてとらえがちな日本語環境ならではの独特な表現です。「母国語」もそうですね。しかし国は二〇〇ほどしかありませんが、言語は数千あるのです。ドイツ語で fremde というのは「よその」という意味なので、「外国」とは限りません。ゲーテは、ひょっとすると、住んでいたワイマールから遠くないラウジッツ地方で話されているソルブ語（第4章参照）をも「よその言語」に含んで考えていたかもしれませんが、日本語の「外国語」という概念ではそういう意味は消えてしまいます。本書では、以下では、ゲーテの意向をくんで、「異言語」という言い方を使うことにしましょう。

さらに、英語訳とドイツ語原文の違いもあります。日本語で単数か複数かの違いが出ないのは仕方ないのですが、興味深いのは、ドイツ語では「言語」にあたる Sprachen が複数形（単数だったら Sprache）なのに、英語ではなぜか単数形になってしまっていることです。つまりゲーテは、複数の異言語を学ぶことで自言語が見直されるということを念頭においていたのですが、英語訳（日本の英語学習者向けのメッセージとして訳されたもの？）では、暗に「英語だけでいい」という内容になってしまっているのです。

日本語訳、英語訳はそれぞれ、原文とは意味がズレたものになっています。このズレは決してどうでもいいことではありません。学んだのが「母語＝日本語」と「外国語＝英語」の二つだけだと、下手すると、日本語は特殊な言語で、英語のような言語がふつうないし一般的、と思ってしまうかもしれません。もう一つ言語を学ぶことではじめて、自言語を複眼的に見直すことができるのです。たとえば朝鮮語を学ぶと、日本語に近い側面をもった言語もあることがわかりますし、ドイツ語を学ぶと、同じゲルマン系の言語でも英語とはかなり違うということが見えてきます。三つ以上の言語を知ることは、量的な増加だけでなく質的な変化をもたらすのです。

今、「知る」と書いたのですが、ゲーテの文で「知る」と訳されているところも見てみましょう。英語では know になっていますが、ドイツ語では kennt（原形 kennen）と weiß（原形 wissen）を区別しています。大雑把にいうと、kennen は体験的に知ること、wissen は知識として知っていることを指します。つまりゲーテの文は、「複数の異言語を実際に学んでみないと自言語のことはわからない」といっているのです。このような原文の味わいは、日本語や英語の訳では失われてしまっています。原文にあたることの意義を、この引用自体、例示しているといえましょう。

知のポートフォリオを豊かにする

こうして、さらなる異言語を学ぶことは、世界の見方を柔軟にしてくれます。これを、知のポートフォリオを豊かにする、ということができます。ポートフォリオとは元々「書類入れ」のことでしたが、ここでは手中に収めることを指します。次の文章を読んでみましょう。

「東日本大震災とそれに伴う福島第一原発の事故は、日本社会の多くのものを揺さぶっている。（…）知識・情報が不確定で政治的バイアスも疑われる状況では『知のポートフォリオ』［多角的な情報の蓄積］という発想が重要だ。（…）その際重要なのは、どの知識・情報も多かれ少なかれ不確実性やバイアス的信頼を含み、誤っている可能性（リスク）があるということだ。これを大前提にしたうえで比較的信頼できる知識・情報を多く集め、複数の可能性を考慮して誤りのリスクをヘッジ（低減）し、正しさの相場観を形成するのである。（…）社会全体で知のポートフォリオを豊かにすることは、今の危機には間にあわずとも、今後の原子力やエネルギー政策を考えるうえでますます重要になるに違いない」（平川二〇一一）

異言語学習は、まさに知のポートフォリオを豊かにしていくことになります。世界の異文化の間で相互の誤解を乗り越えるためには、報道や情報提供の質の向上をめざすのが重要なのはいうまでもありません。しかし、そこには言語によるバイアスが生じます。そこで、受信する側も問われています。与えられた情報に振り回されず、自分で考えて判断できる市民が一定数存在することが必要になります。これが、異言語を学ぶ意義につながります。作家の多和田葉子は、フランスの学校で、ドイツ語の雑誌に載った原発関係の記事を読んでフランスとは異なる論調に接していることを紹介したあと、次のように述べています。

「母語で得られる情報だけに頼るのは危険だ。外国語を学ぶ理由の一つはそこにあると思う。もし第二次世界大戦中に多くの日本人がアメリカの新聞と日本の新聞を読み比べていたら、戦争はもっと早く終わっていたのではないか。それはアメリカの新聞に書かれていることが正しいという意味ではない。書かれていることがあまりにも違うというだけで、自分の頭で考えるしかない、何でも疑ってかかれ、という意識が生まれてくる。そのことが大切なのだと思う」（多和田二〇一三、二一四頁）

日本社会にとっても、異言語を学ぶ意義の一つは、まさにこのような健全な批判的意識の醸成にあると思われます。英語が共通語として使えるならば、ただ意思の疎通や情報伝達をするためのツールとして、さらなる言語を学ぶ必要性は低いようにも思えます。しかしながら、国際コミュニケーションにおいて、多言語を理解するということは、他者を理解し、世界諸国・地域についての情勢を把握し、自分の考えを構成するうえで大きな役割を担っているのです。

養子言語と言語分業社会

ここまで、異言語を学ぶ意義として、新しい視点の獲得について見てきました。英語以外の異言語を学ぶ意義としてもう一つ大きいのが、人間関係を築くことです。つまり何語で接するかによって関係の築き方が異なってくるということです。英語圏以外に旅行したとき、現地語で簡単なあいさつをするだけで、関係がなごむ経験をしたことがある人は少なくないでしょう。ましてや、もっと話せる場合は。ここには「ありがたがられ効果」（第5章、一〇〇頁参照）が入ってきますが、それがよい関係をつくるために役立つのであれば、活用しない手はありません。

私は、この二点、つまり新しい視点の獲得と新しい人間関係の構築が、新しい言語を学ぶときのだいご味の代表的なものだと考えています。これらは、英語が通じたとしても、あるいは第12章でとりあげるように機械通訳・翻訳などが進んでも、少しも色あせない魅力です。新たな言語に接すること、さらには身につけることは、ものの見方を柔軟にし、人間関係を豊かにするための有効な手立てです。

言語学習を促すため、ヨーロッパでは、「養子言語」あるいは「第二の母語」という発想が生まれました（英語ではpersonal adoptive language）。「養子言語」とは、実用目的の共通語とは別に、いわば自分のなかでずっと育てていく言語です。日本で似たような取り組みを進めている例として、国際文化フォーラムの取り組みをあげることができます（http://www.tjf.or.jp/）。国際文化フォーラムでは、自分にとって縁のある言語を「隣語＝りんご」と呼んで「りんごをかじろう」「自分の中にりんごを実らせよう」という事業を進めています。「りんご」は、自分にとって近い人のことばと考えると、いろいろな可能性があります。隣国の言語と考えると、韓国＝朝鮮語、中国語、ロシア語が代表的です。他のアジア言語もあります。英語をはじめ、日本でもよく学ばれるフランス語、ドイツ語、スペイン語、ポルトガル語などその他のヨーロッパ起源の言語でもいいでしょう。私の知り合いには、アフリカやアメリカ、オセアニアの先住民の言語を学んでいる人もいます（ヨーロッパやアジアの言語でも、私たちが通常学ぶような主要言語にあまりない特徴として、「能格言語」や「抱合語」など、こんなのあり？という言語の可能性があるので、興味のある人は調べてみるとおもしろいかもしれません）。

社会的に見ると、それぞれの人が自分なりの「養子言語」ないし「りんご」を育てていけば、社会全体としては、異なる言語の能力をもつ人が互いに助け合うという社会像が浮かびあがります。これは共通語を否定するものではなく、その限界を補おうとするものです。ヨーロッパでは「言語分業社会」という名称で提案されています。これは、みなが英語だけを学ぶのではなく、いろんな人が共通語以外にもいろんな言語を学んで、それぞれの言語能力を活かしてお互いに助け合うという社会です。ある言語が必要になったら、その言語ができる人が自分の能力を提供するということです。いろいろな言語能力をもった人がそれを生かし合っていく社会ができると、世界の諸地域と交流が深まるということが考えられそうです。

これは日本にもあてはまる考え方です。日本で、自分たちの言語能力を社会に還元する特筆すべき取り組みとして、東京外国語大学で行われている「日本語で読む世界のメディア」をあげることができます（http://www.el.tufs.ac.jp/tufsmedia）。これは、中東、東南アジア、南アジアの新聞社のインターネット記事を東京外国語大学の学生・院生・卒業生が日本語に訳し、インターネットに掲載しているものです。言語分業社会の模範的な例です。

一見、異言語教育を圧倒的に世界に普及している英語に集中することが、経済的・効率的に思われます。しかし単一の共通語にのみ頼ることは、情報収集の偏りや依存、またこれらの結果として世界各地域との長期的な相互理解や関係の深化の限界などの問題を引き起こします。英語以外の異言語を学ぶことは、学ぶ過程で他者を理解するとともに、むしろ理解の困難さを実感するところにも意義があるといえましょう。「ファーストフード」のような「ファースト・コミュニケーション」で世界を理解するのは不可能です。深い理解には時間がかかることを認識して、ゆったりした伝え合い（スロー・コミュニケーション）を楽しむこと。共通語に頼らず、他者の言語を学んで使う過程は、遠回りに見えて、実は他者を理解する王道なのです。

そうはいっても、周知のとおり、言語を学ぶことは簡単ではありません。英語だけでも大変なのに、という声が聞こえてきそうです。英語以外の言語を学ぶことは、日本社会にとっては意味の大きいことであっても、一人一人にとっては、たいてい、やらなくても困りません。しかも言語以外にも楽しいことはいろいろあるのですから。でも、せっかく本書を手にとってくれた方には、ぜひ挑戦していただきたいと思います。英語が好きで得意だ、という人もいれば、英語は苦手でも他の言語は波長があった、という人も多いのです。

言語は楽器と比べられることがあります。どちらも人生を豊かにしてくれます。楽器も、ちょっと音が出るだけでもうれしいものですが、音楽を人に聞かせようと思ったらかなりの練習が必要です。言語も使えるようになるためにはたくさんの練習が必要ですが、ほんの一言からでも報われる点、楽器よりもさらにお得かもしれません。

お勧めのりんご――手話とエスペラント

私の経験から、とびっきりお勧めの「りんご」を二つ紹介したいと思います。手話とエスペラントです。どちらも、研究など仕事に使おうと思って学んだものではありません。結果的に、現在は研究領域に含まれていますが。ここでは、視点と人間関係という両面からご紹介したいと思います。手話もエスペラントも、この二つの面について、他の言語にはない特徴をもっています。

(1) 手話

日本にはいろいろな言語がありますが、そのなかの一つが手話です。手話は、高校のときの同級生の紹介で講習会に出たのがきっかけで、今日まで、細々とではありますが、ずっとかかわってきました。その縁で、今は大学の手話サークルの顧問と、手話で授業を行うろう学校である明晴学園の応援者などとして、かかわらせてもらっています。手話については、かつては「手まね」とされて言語とは認められていなかったのですが、二〇一一年の改正障害者基本法に言語として明記されるなど、近年、音声言語と同等の言語であることについて理解が深まってきました。その際、ろう者がふだん使う日本手話は日本語とは異なる文法体系をもっていて、日本語の文法に合わせて手話単語を並べて表現する日本語対応手話とは違うことをおさえておきましょう(斉藤二〇一六)。手話は、視点という面でも、人間関係という面からも、発見に富んだ魅力的な言語です。

たとえば、場所や動きを表すとき、実際に空間的に上から見ているような視点で表現することから、「神の視点」といわれることもあります。また、授業でろう者の先生に来てもらって手話の講習をすることもあるのですが、視点ならぬ視線に関係することとして、目を使う視覚言語であることから、学生は、伝え合いのあり方も違ってくるという発見をします。一つ感想をご紹介しましょう。

「手話は私がふだん忘れかけていたことも教えてくれた。たとえば、授業中に私たちは他のことをやりながらでも音が入ってくるため、相手に目を向けなくてもその内容を理解することができてしまう。しかし、手話は心も目も相手に向けないかぎり相手のいいたいことがわからない。相手のことばにいつも以上に集中し、ニュアンスを読み取ろうとした。これは、本来人間同士のコミュニケーションにとって一番大切なことであり、私たちが忘れてはいけないことを授業で教えてもらった気がする」

私の手話の力はいまだ低い水準にとどまっているのですが、私にとって手話は、一生つきあっていきたい大切な「りんご」です。

（2）エスペラント

異なる文化に関心をもつ人同士すぐに打ち解けて友だちになれるコトバ、
会ったこともない人が旅先で温かく迎えてくれるコトバ、
各地に散らばる話し手のネットワークを通して世界を多角的に見ることができるコトバ、
例外や不規則変化に悩まされずにすっきりと学べるコトバ、
初心者でも自分で考えた自由な表現が楽しめるコトバ

こんな言語があったらいいな、と思いませんか。実際にあるのです。それがエスペラントです。右の文は、大学の公開講座でエスペラント入門を担当することになったとき、エスペラントの特徴を表すようにといわれて思い浮かんだことです。エスペラントは、なじみがない人も多いと思うので、少し詳しくご紹介しましょう。ほめすぎと思われるかもしれませんが、ほめられまくりの英語と違って、エスペラントはあまりにも誤解されているので、ここでエスペラントをよいしょするのは、バランスをとることをめざすという本書の基本姿勢に基づいている、とご理解ください。

エスペラントは一八八七年に、当時ロシア帝国領（現在はポーランド東部）出身のザメンホフという人が提案した計画言語です。ザメンホフは、自分の生まれ育った町ビャリストクについて次のようにふりかえっています。

「私は、グロドノ県のビャリストクに生まれました。生まれ育ったこの町が、私の一生の道を決めたのです。ビャリストクには、ロシア人、ポーランド人、ドイツ人、ユダヤ人など四つの民族が住んでいました。それぞれ言葉も違い、互いに対立していました」（ザメンホフ一九九七、一五九頁）

同じ町に住みながら、異なる言語を話し、対立している人々を見て、ザメンホフは心を痛め、どの民族のものでもない中立な共通語を提案したのです。

学習者を悩ませる例外や不規則変化などがなるべくないようにしたので、まじめに取り組めば（！）、他の言語に比べて格段に早く上達します。またたくさんの慣用表現を覚えるよりも、意味を表す要素（語根といいます）を組み合わせて、レゴブロックみたいに自分で単語や表現をつくれるようになっています。というと、機械的な感じがするかもしれませんが、実はどの言語ももっている創造性を活かしているだけのことです。「ふつうの」言語の場合は、使われる間に「こういう言い方はしない」といった慣習的なしばりがついてくるのですが、エスペラントにはそういう創造力の制限がないので、むしろ一般的な言語より自由に話せます。

エスペラントの集りに行くと、日本でも海外でも、退職後に始めました、という人がけっこういます。六〇代以降に学びはじめても使いものになる言語というのは、考えてみればすごいことです。エスペラント教育者連盟の機関誌の校正を担当している人は、五八歳でエスペラントを学びはじめた人です。他の言語で、この年で学びはじめて専門誌の言語校正を担当することになるというのは一〇〇%ありえないでしょう。

といっても、エスペラントにも、親などが話すエスペラントを聞いて育った人（エスペラントでは「デナスカ・エスペランチスト」＝生まれながらのエスペラント話者といいます）がいます。また語根のほとんどはヨーロッパの諸言語から取られているので、その点では圧倒的にヨーロッパ人が有利です。

それならエスペラントだって中立じゃないじゃないか、だったら英語でいいじゃん、という人もいるかもしれません。そういう意見について、グランというスイスの言語学者は、民主主義にも欠点がたくさんあるからいっそのこと封建主義でいいというようなものだといいます（Grin 2008）。普及度という点で英語のほうが圧倒的に広まっているので、多めに見積もっても話者が一〇〇万人とされるエスペラントなど比べるだけ無駄ですが、平等や対等性という観点からは、第5章で見たような格差を生み出している英語は、エスペラントには到底かないません。日本人にとっても、エスペラントは英語よりはるかにハードルの低い言語です。

たとえば、デナスカ・エスペランチストは、エスペランチストの間では、準拠すべき権威とは見なされていません。よく、エスペラントを支持する人は、エスペラントも一人前の言語であることを主張するために、「エスペラントだってネイティブがいるんですよ！」といいますが、私は、エスペラントが画期的なのは、ネイティブみたいな人がいるということよりも、そのような「ネイティブ」に頼らなくても恋愛から専門的な国際会議まで使える一人前の言語になれることを示したことだと思います。エスペラントの場合は、文法規則にのっとってきちんと伝わる表現であれば、「正しい」エスペラントなのです。ネイティブを規範としないことをめざす国際英語に関心がある人は、エスペラントを学んでみると面白いにちがいありません。現在のエスペラントの使い方は、使用者が伝統的に多いヨーロッパのことばの影響を強く受けていますが、日本語話者など、アジアやその他の地域の人がもっとエスペラントを学べば、さらにもまれて使いやすくなるはずです。

では、視点と人間関係という点から、エスペラントについて見てみましょう。まず国際ニュースについて。第1部で、何らかの国や民族と結びつきの強い言語に依拠すると、特定の言語圏の価値観や情報に偏る恐れがあることを考察しました。エスペラントでは、それを乗りこえるためのいろいろな取り組みが行われてきました。たとえば、『モナート』（エスペラントで時間単位としての「月」の意）という月刊誌があります。みかけも『ニューズウィーク』や『タイム』に似ている報道雑誌ですが、特色は、世界各地の出来事について、現地の人が発信するということです。アメリカの大統領選挙、ドイツの難民受け入れ、中国の一人っ子政策の変更といった日本でも大きく報道されることから、欧米ジャーナリズムによるアフリカ報道の問題点、イランの選挙、インドネシアの多言語状況、またバルカン半島の大気汚染といった、日本ではあまり深く報道されないけれどもそれぞれの地域ではとても重要な事柄について、現地人の視点からの記事を読むことができます。アルメニアの新年の祝い方やタジキスタンの仏教、キューバの教育事情やオーストラリアの盲人支援、リトアニア土産の空気の缶詰など、多彩な現地レポートも興味深く読めます。「外向け」という意味での「国際語バイアス」は逃れられないとはいえ、特定地域に偏らない「内側からの」視点を得られるのはエスペラントの大きな特長です。

もう一つ、本章で取りあげたテーマから、翻訳による視点の変化という現象をとりあげてみましょう。先に英訳を紹介した川端康成の『雪国』の冒頭部分は、エスペラント訳では次のようになっています。

Post traveturo de longa landlima tunelo oni trovis sin en la neĝa lando.

（国境の長いトンネルを［乗り物で］通り抜けたら、自分［たち］は雪国にいた。）（小西岳訳）

英訳と比べてみると、エスペラント訳では、日本語と同じく列車の中からの視点になっていることがわかります。このように原語の視点や表現を活かして柔軟に訳すことができるのです。ですから、外国文学を原語で味わえない場合は、エスペラント訳がお勧めです。世界各地の、他の言語に訳されていないものも含めて驚くほど多くの文学作品が、エスペラントに翻訳されています。

でも、エスペラント独自の視点というのはないではないかと思われるかもしれませんが、実はあるのです。エスペラントには原作文学もかなりあります。たとえば、代表的なエスペラント作家の一人、イギリス（スコットランド）のウィリアム・オールド（一九二四－二〇〇六）は人類の歴史を扱った『子どもの種族』（infana raso）という長大な叙事詩調の詩を書いています。多くの言語には、その国や地域の歴史をうたった長編詩や歴史物語がありますが、歴史をこのように「人類人」の観点からうたうというのは、エスペラントならではの発想でしょう。

地域的な文化背景がないことで物足りない、と思う人もいるかもしれませんが、いろいろな視点を映し出して他のさまざまな言語や文化にも関心を向けるための橋渡しとして、また個々の地域や民族、国家の違いをこえて地球の一員でもあることを実感させてくれるところにエスペラントの独特な魅力があると思っています。

次に、人間関係ですが、エスペラントを学んでいる人はたいてい国際交流に関心があるわけですから、エスペラントには、「よそもの」を歓迎する文化が根づいています。「よそもの」「外国人」というと、多くの言語では否定的な意味合いを含むことがあるのですが、エスペラントの語感では、肯定的な意味をもつのです。

私は海外出張などをするときは、たいてい、現地のエスペラント話者と連絡をとります。そうすると、一緒に街をまわってくれたり、泊めてくれたり、歓迎会をしてくれたりします。国際学会では他の参加者はホテルに泊まって基本的に参加者同士で交流するのですが、私は現地人の住まいから「出勤」して会場に向かい、学会終了後も現地人と行動を共にする機会があり、本当に恵まれていると思います。

エスペラントを話す若者の国際合宿で、エスペラントを使うことの意味についてアンケートをとったとき、次のような回答がありました。

「エスペランチストは、実際に知り合う前から他のエスペランチストを友人とみなしています。これは他の言語にはないことです」

今の世界は、単に意思疎通ができないということよりも、自分の民族や国をこえた連帯感が欠けていることのほうが大きな問題ではないでしょうか。エスペラントというと、よく理想主義だといわれますが、このような連帯感を一人一人が具体的につくりあげていくことができる仕組みを整えているという意味では、とても現実主義的な手段でもあります。

私は、民族問題や環境問題に関するエスペラントの専門団体にも入っていますが、いずれも、機関誌やメーリングリストなどの情報交換だけでなく、難民や水不足などの問題に対して具体的な支援活動を行っているのが特徴です。

どの言語も「りんご」としてかじりがいがあります。そのなかで、私は、日本や世界での伝え合いや相互理解を深めるためにも、「視線を通わせる言語」である手話や「相互の歩み寄りによる言語」といえるエスペラントを学ぶことには、特別な意義があると思っています。どちらも、通常はお金になりませんが、お金で買えないものが得られる言語です。

《コラム6》Ĉu vi estas Esperantisto? ――ブラジルでの出会い

●ベリングラート木村園子ドロテア

招待された誕生日パーティで初対面の人に、いきなり聞かれました。エスペラントでĈu vi estas Esperantisto?（あなたはエスペランチスト＝エスペラント話者ですか）と。エスペランチストの集まりならともかく、ブラジル・サンパウロ州立大学での日系ブラジル人教授に誘われて行ったときのことです。周りはすべてブラジル人で、日本語のしゃべれる日系人数人以外とは、身振り手振りの英語とポルトガル語しか通じません。端のほうでニコニコと立っていたら話しかけてくれたのです。一瞬耳を疑い「えっ？」と聞き返しました。その人は忍耐強く繰り返します。Ĉu vi estas Esperantisto?

たしかに、私もエスペランチストの端くれ。Jes（はい）と応じ、たどたどしいエスペラントでの会話が始まりました。エスペランチストっていう気がしたの、と、その人は、マリアという名前で、夫が小児科医だったがもう亡くなったこと、息子四人は家を出て散らばって生活しているなどなど、自己紹介をしました。そして、今度は私のブラジルの印象、なぜ来たのか、どこを見てきたのか、日本のどこに住んでいるのか、何をしているのか、果ては、恋人はいるのか、などなどあらゆる質問を浴びせてきました。それまで、ことばが通じずに笑顔でしかコミュニケーションをとっていなかった他の人も近づいてきます。マリアは今度は通訳として私のいったことを伝えてくれます。ブラジル人は陽気というけど、非常に温かくて、とてもいい国だと思う、というと、みんなうれしそうにうなずいたりしていました。

誕生日パーティではその後も通訳として、何が起こったのかを説明してくれました。今度来たときは連絡ちょうだい。うちに泊まりなさいね。と、最後は昔からの友だちのような気持ちになって別れを惜しみました。

エスペランチストであるだいご味は、知らない国ですぐに友だちができ、その国の生活に飛び込めることです。エスペランチストでなかったら、その会では、ことばの通じる日系人の輪にしかいられなかったでしょう。ふつうは、エスペラントのネットワークを使って前もって連絡をして会うのですが、今回のような突然の出会いで、エスペラントのだいご味を改めて実感しました。

10 多言語とどうつきあうか

英語以外の言語とどのようにつきあっていくことができるか、さらに見ていきましょう。節英は、裏を返せば、英語以外の言語を使うという側面を含むので、先にとりあげた「節英五か条」は多言語学習・使用にも応用することができるはずです。「五か条」自体は一般性があると考えていますが、どのような言語とどのようにつきあっていくのかは、人によって大きく異なるので、英語について（第8章）と同じく、私の例をご紹介します。具体的な内容は違っても、考える五項目自体は読者のみなさんにも共通すると思うので、ご自身のことを念頭におきながら読んでみてください。

第一条　何をしたいかを明確に

英語に限らず、言語学習にはきりがありませんから、目的をはっきりさせることが有効です。私がドイツ語を教えている大学の（ドイツ語専攻ではない）学生が次のように書いてくれました。

「私はドイツ語を三年間学習してきた。はじめに先生にいわれたことは『使う単語を先に覚えなさい』ということだった。これを実践した結果、私は一か月のドイツ滞在中なんとか『自分の使えるかぎりのドイツ語』で伝えたいことは相手に伝えることができた」

ドイツ語の場合、文学や哲学を読みたいのか、それとも現代のドイツ語圏に関して知るためにコミュニケーションをとりたいのかなど、目的によって、どのように学ぶかが異なってきます。他の言語も、目的によって、学び方、使い方が異なってくるにちがいありません。

私の場合、言語を生業としていることもあり、「何か国語できるのですか」とよく聞かれます。「六〇か国語くらいかな」と答えるとたいてい、「えっ、すご〜い！」と驚かれたり、それ冗談でしょ、といった顔をされます。でも、私は誇張したり冗談をいっているのではなく、まじめに答えているつもりなのです。どうしてこんなとんでもない数になるのかわかりますか。

種明かしは簡単です。質問は「何か国語」、つまり文字どおりにはどれだけの国の言語が話せるか、ということです。私が学び使っている言語の場合、ドイツ語を国の言語（の一つ）としているのは六か国、日本語とポーランド語は各一か国、英語は約五〇か国、私が研究しているソルブ語やケルノウ語、手話などの少数言語はどれも〇か国、計画言語エスペラントも特定の国の言語ではないから〇か国です。足すと六＋一＋一＋五〇＋〇＋〇＝五八、だから約六〇か国語ということになります。あと、話せないけどそれなりに自分にとって意味のある言語もいくつかあります。

ほぼ毎日使っている、あるいは少なくともふれている言語は、ドイツ語、日本語、エスペラント、英語、ソルブ語、ポーランド語、（聖書）ギリシャ語の七言語です。それ以外に、学んだことがあり、接する機会がときどきあるのが、中国語、フランス語、手話、ケルノウ語、ラテン語です。多いと思うかもしれませんが、そもそも私にとって、言語をいくつ話せるかはあまり、というかほとんど意味がないのです。言語を収集している人にとっては意味があると思いますが、私はどの言語も、それなりの目的をもって学んでいるので、やみくもに言語の数を増やそうとは思っていません。

私は、母がドイツ人で父が日本人なので、文字どおりには、ドイツ語が母語、日本語は父語です。母は家ではずっとドイツ語を話していたし、父は母ほどおしゃべりではないうえ、日中は会社に行っていたということもあり、日本語はどちらかというと幼稚園以降の教育機関での子ども同士や教員などとのやりとりや地域社会で覚えました。英語についてはすでにふれましたが、その他、かなり時間を割いていくつかの言語を学んだ目的は、主に調査に使うためと、文献などを読むためです。調査で使う言語は、ドイツ語のほか、主にソルブ語とポーランド語です。そしてときどき文献に出てくる内容を読んだり確かめたりするうえで、フランス語、中国語、ラテン語の文や文章を読むことがあります。いずれも、まとまった長い文章を自力で読むのはきついのですが、自分に必要な範囲を解読するのには役立ってきました。その程度であれば機械翻訳で足りる面もありますが、自分で確認できるというのは便利です。

とくにそのことを日々実感するのがギリシャ語です。数年前から、毎朝、新約聖書を少しずつギリシャ語の原文で読むことにしています。そうすると、これまで接してきた日本語やドイツ語の聖書では見えなかった発見をすることがよくあります。聖書の原文は往々にしてあまりにも簡潔な表現なので、それを解釈して訳さざるをえない他言語の聖書に理解を助けられるのも事実ですが、イスラーム教ではコーランをアラビア語から他の言語に訳したら、つまり解釈を加えたら、聖典ではなくなる、というのはよくわかります。

第二条　共通語（国際語）よりも現地語優先で

第4章でもとりあげた、ドイツの中のソルブ語という少数言語を研究しようとしたときに、最初は、当然ソルブ語を一言も話せませんでした。でも、ソルブの人たちとドイツ語をしゃべったら負けだと思って、ソルブ語がおぼつかない学びはじめの頃から、とにかく地域の人たちと一言でも二言でもソルブ語をしゃべるようにしていました。わからないときはむしろしゃべるよりは黙っている。そういうことをしているうちに、最初は「こんな格変化だらけの難しい言語、絶対覚えられるものか」と思っていたのですが、自分にこういった制限を課すことによって、意外と早く覚えることができました。

仮にソルブ人とドイツ語でしゃべってしまうと、まったくふつうに会話できるわけです。だから地域のほとんどのドイツ人はソルブ語を学ぼうとしません。ところがそのことによってソルブ人についての誤解が広がっているのです。私は、ソルブ語をあえてやることで見えてくるものにかけてみたいと思ったのです。そうすることではじめて、同じ地域に住んでいながら、ドイツ人とは違ったものの見方や情報があることが見えてきた、ということは第4章で述べたとおりです。

一般化していうと、他に共通の言語があっても、現地では、できるかぎり「現地語」を使うことがお勧めです。違う言語を話す人と出会ったとき、その人の言語に関心を示すこと、あるいはその地域を訪れるとき、その言語を少しでも覚えることは、歩み寄りの基本ともいえます。ちょっとあいさつしてみるだけで、心の扉が開くこともしばしばです。英語で通じるからといって英語だけですべて通そうとしていたら、もったいなすぎます。

基本的に、海外は調査関係で行くので、ことばが通じる同じ地域に行くことが多いのですが、学会などで他の国に行くときは、行く先の国のことばを少なくともあいさつ、お礼の言い方や文字くらいは覚えていくことにしています。経験上、簡単な自己紹介がいえたり数字がわかったらさらに便利です。青年交流や学会などで学生時代から韓国には何回か行っています。そこで、ハングルを覚えて、簡単な自己紹介は練習しました。文字が読めるだけでも、入ってくる情報量が全然違いますし、ちょっとした会話ができると、現地の人ともよい関係を築く糸口になります。たくさん話されてついていけなかったら、「少ししか話せないんです」といえばわかってくれます。

第三条　恥ずかしがらずに

新しい言語を身につける際の最大の障害は、恥ずかしさかもしれません。子どもが言語を学ぶのが早いのは、恥ずかしがらずにどんどん使うからだということもあるといいます。ドイツに在外研究に行ったとき、当時小学二年生の息子は、すでにドイツ語を聞いてなんとなくわかることはできましたが、ほとんど話せませんでした。滞在先に着いた初日、町を見学がてら家族と散歩したとき、公園でサッカーをしている子どもたちがいました。息子は、一緒にやりたいと思ったのですが、なんと声をかけていいかわかりません。「一緒に遊びたい、ってなんていうの？」と聞いてきました。Ich möchte auch mitspielen.（ぼくも一緒に遊びたい）と教えてあげると、「長すぎて覚えられない」というので、Ich auch!（ぼくも！）といってみたら、といったら、さっそく駆け出して行って、Ich auch! といって仲間にいれてもらっていました。この積極性は見習わなければ、と思いました。

現在の私の課題はポーランド語を話すことです。私のポーランド語は間違いだらけで、学生時代から二〇年も細々と学んできたのにいまだに拙いのが恥ずかしいので、つい使うのをためらってしまいます。とくに相手がドイツ語や英語を話せる場合、これらの言語に逃げてしまいたい誘惑にかられます。それでも、恥を顧みずポーランド語で話し、インタビューや講演もポーランド語で行うことで、コツもわかるようになり、相変わらず下手ですが、臆せず話せるようになりました。

ある言語を「養子言語」にしても、ネイティブになれるわけではないのですから、どこかで、自分なりの話し方でいいと割り切るしかないのです。こういった開き直りに違和感をもつ人もいると思います。でも、恥ずかしがってばかりいても仕方がありません。むしろ、抜けきれない母語の影響などは自分の個性とわりきって積極的に話したほうがかえって上達するでしょう。

第四条　他者の力を借りつつ

言語学習の際は、誰かに直してもらうことが上達のためには欠かせません。自分が書いた異言語の文章などをその言語の母語話者に見てもらうと、単語の使い方が違っているといわれたり、自分では思いつかないような表現法が出てきたりします。国際英語とは違って、対象言語の背景にある文化も学ぶのが通常の「異言語」学習のだいご味ですから、指摘されたり提案されたりした面白い表現は覚えてしまうのがいいですね。単語だけではなく、文を、そしてできれば単独の文ではなく文脈のつながりごと覚えるのがお勧めです。

学生のドイツ語作文を返却するとき、修正すべき点だけ示して自分で考えさせたり、修正の理由をつけて返したりするのですが、どこまで見直してくれているかな、と思うときがあります。言語学習に王道はないといいますが、修正を自覚的に積極的に活用することが、王道なのではないでしょうか。私は、自分が書いた文章を他の人に見てもらうのと同様、他の人が書いた文章を見せてもらって、修正提案をつけることもよくあります。こういった助け合いも「言語分業社会」の大切な要素だと思っています。

第五条　多様性を尊重する

世界には何千もの言語があります。知らない言語でも、小さい言語でも、その言語を話している人にとっては大切なことばです。英語の学習・使用ばかりを重視することは、その裏で他の言語を軽視することにつながります。「節英」とは、他の言語を尊重するための姿勢でもあるはずです。

私が少数言語地域の調査を通してとりわけ学んだことは、自分が理解できないことばが話されているとき、そのことを認めるということです。ソルブ語地域では、ソルブ人がソルブ語を話していると、自分たちにわからないことばを話しているので、自分たちの悪口をいっているのでは、とドイツ人が思ってしまうことがしばしば問題となってきました。直接に話に加わっていなくてもドイツ人がいるところではソルブ人同士の会話をドイツ語にすることを求められることがあります。これは、ソルブ地域だけでなく、少数言語地域ではあちらこちらで起こっていることです。一見、これはことばがわからない人に対する配慮として望ましいことのように思えます。でも、ソルブ地域でソルブ人が自由にソルブ語を話せなかったら、どこで話せばいいのでしょうか。ことばの多様性を、つまり多様なことばを話す人々を尊重するために、ことばがわからなくても気にしない態度が、とりわけ少数言語話者との関係では求められます。そもそもすべての言語を覚えるのは不可能なので、わからないことばが話されても気にしない姿勢は、多言語社会の基本ではないかとも思います。

五か条を応用してみると

最後に、「節英五か条」を特定の言語にあてはめて見てみましょう。ここでは、前章のお勧め「りんご」の一つ、エスペラントの例を見てみたいと思います。エスペラントでは、この五か条がとりわけはっきりと意識される傾向があるので、例としてわかりやすいと思われます。また国際語として国際英語にも通じるし、英語以外の言語という側面もあるので、英語にもその他の言語にも参考になる面があると思います。

まず、「第一条　何をしたいかを明確に」することについては、エスペラントは、制度によって自分の意思とは関係なく学ばせられる人はほとんどいないので、学ぶ人はたいていなぜ学ぶかを考えて学んでいます。きっかけは、エスペラントの理想への共鳴かもしれませんが、理想だけでは言語は上達しません。そこで、理想には共鳴するもののいつまでも初心者段階にとどまっている人が少なくないのです。こうやって使うんだ、という目標を決めると動機もはっきりして学習も進むのではないでしょうか。

私の場合、エスペラントを主に使うのは、旅行や宿泊者受け入れのほか、自分が関心をもつことに関する情報交換や交流です。エスペラントの大会などでは、自分の専門に関する講演をしたり、最近では旅先で日本のこと、とりわけ「3・11」に関する話をすることも増えました。エスペラントで論文を書くことも増えました。ですから、そういうことについては、日本語やドイツ語なみにかなり自由に話し書けるようになったのですが、一方で、決定的に欠けているのが生活表現です。エスペラントで生活していないので、身の回りのことを表現する語彙につまることもあります。またエスペラントで本格的に文学を楽しむのも、自分にとっては困難な面があります。エスペラントには原作や翻訳を含めて文学作品が豊かにあるのにもったいないな、とは思いますが、自分の目的としてはとりあえずしぼった形で使っています。

目的を考えるとき、前提となるのは、エスペラントは特定の地域のことばではなく、異なる言語を話す人同士のための「国際語」だということです。「第二条　共通語（国際語）よりも現地語優先で」となると、エスペラントは英語と同じく、なるべく使わないほうがいいということになります。理想的には、すべてのことばができれば、エスペラントはいらないのです。でも、そういうわけにはいかないので、「仕方なく」国際語の出番になります。国際語としては、できるかぎり、英語よりも、みなが同じ土俵で対等に話せるエスペラントを優先したいと思っています。

また面白いことに、エスペラントが「現地語」として優先される場もあるのです。エスペラントの行事などでは、参加者がエスペラント以外のことば、とりわけ母語で会話することは、すべきでないこととされます。エスペラントの集りで母語で会話することを否定的に表すkrokodili（文字面を日本語にすると、いわば「ワニる」）という言い回しがあるほどです。なぜかというと、エスペラントの集りは、いろいろな言語の人が交流できるためなのに、一部の人が自分たちの言語で固まってしまってはコミュニケーションに差し支えが出るからです。エスペラントを使う国際的集まりでは、初心者でもできるだけエスペラントを使うことが大切です。

せっかくエスペラントを話す場にいるのに日本人同士の会話に逃げてしまっては残念です。勇気を出してエスペラントを話してみることが肝心です。「第三条　恥ずかしがらずに」というのは、エスペラントで実践するのが一番ハードルが低いかもしれません。というのは、エスペラント話者のほぼ全員が、もともとエスペラントを話して育ったわけではなく、初心者として学んだ経験をもっているからです。ですから、どんな経験者もかつて初心者だったので、(自分の過去を忘れていないかぎり) 初心者の困難を理解して、ことばに詰まっていても寛大にみて助けてくれます。

いざ話してみるというときは、自分の話し方を恥ずかしく思わないことが、堂々とした通じやすい話し方につながります。自分らしい話し方で、というのは、エスペラントでは当たり前のことです。いろいろな言語的背景の人が学んでいるので、必然的にそうなります。ですから、母語の影響も個性の一つと割り切ったほうがすっきり話せます。私は、エスペラントで話すときはドイツ語のR音で話しますが、それが自分のアイデンティティ表示にもなっています。

でも、独りよがりになって通じなかったらお話になりませんので、おかしいところや通じないところを「第四条　他者の助けを借りつつ」直していくことも大切です。そのような場合、直してもらったことを何も考えずに受け入れてしまうのでは、本当に勉強したことになりません。なぜ直されたのかを考えて納得することが上達への道です。

エスペラントの集りでは、経験者が初心者に表現を教えている様子がよく見られます。そうやって助け合って上達していくのです。また自分からも、会話のなかで気になったら聞いてみてもいいでしょう。エスペラントの集りでは、エスペラントの表現に関して質問されることを嫌がる人はふつういません。もちろん程度問題ですが……。

ここでは、書いたものを直してもらう場合についてとりあげましょう。エスペラントは、母語話者もいるのですが、母語話者にとくに権威があるわけではなく、むしろ大切なことは、異なる言語圏の人に伝わることです。ですから、エスペラントで文章を発表するときは、できるだけ、違う言語圏の人に読んでもらうことになっています。英語が国際語というのだったら、英語もそうすればいいのに、と思います。

以前私が民族問題に関するエスペラントの専門誌に書いた中央ヨーロッパの国境問題についての文章は、ハンガリー人が見てくれました。編集者から来たメールには次のように書かれていました。La korektojn de I.E. vi ricevos por ĝin akcepti aŭ rifuzi.（Etnismo 投稿の返事 Nicole Margot 2015.10.24）

（I.E.［校正者の頭文字］による修正は、受け入れても拒否してもいいです）。ここでは書き手の自律性が尊重されています。国際英語について述べたような、ネイティブに頼らないで主体的に判断する姿勢は、エスペラントではすでに実践されているのです。これは、エスペラントが育んできた文化の一つです。このときの修正提案では、自分では気づかなかったような間違いやわかりにくいところを指摘されて、とても有益だったので、ほとんどの提案を採用しましたが、一部、納得いかないところは元のままにしました。

「第五条　多様性を尊重する」ということは、自分と同様、相手の背景も尊重することです。たとえば、エスペラントでは、日本人が日本語の順番で名前を表記することはかなり一般的に見られます。特定の文化や慣用が「世界標準」であるという考え方をとらない、開かれた姿勢を一番とりやすい言語がエスペラントなのです。エスペラントという、非常に柔軟性に富んだ言語を、ヨーロッパの人たちは、自分たちに使いやすいように使ってきました。日本でエスペラントを話す人が、エスペラントを草創期から育ててきたヨーロッパのエスペラント話者から学べることは、現在広まっているエスペラントのヨーロッパ語的な使い方自体ではなく、自分たちに合わせて使いこなしてきたという姿勢です。

と同時に、多様性だけの強調では、共通語としての役割を果たせなくなってしまいます。そこで、通じることとのバランスが問われます。エスペラントが発展すれば、英語が多様化しているように互いに通じない方言に分かれていってしまうということを危惧する人がいますが、英語は、特定の地域内で使っていることで他地域と通じない地域変種が生じるほどになってしまったのです。基本的に他の地域・言語圏の人と話すエスペラントでは、そういう心配はありません。

よいエスペラント話者は、「ネイティブ」みたいにペラペラとしゃべる人ではなく、さまざまな学習段階にいる人のことも考えてわかりやすく話す人です。上達すればするほど配慮なく話していい、という、他の言語でしばしば見られる発想の対極にあるといえましょう。

このように、五か条に関する意識の発達が他の言語に比べて高く、いわば言語文化の一部になっているエスペラントの場は、国際コミュニケーションの学校といえるかもしれせん。そういう意味でも、エスペラントを学ぶことは、国際的にコミュニケーションをとりたい人にお勧めです。

《コラム7》理系研究者の言語事情——英語オンリーは非効率

●ベリングラート木村園子ドロテア

1．論文の読み書き

最近の理系研究者なら、読む論文はほとんど英語です。有名な学術雑誌には最新の情報が集まっており、査読者の審査を経た信頼できる結果・考察なので、英語論文を読むことが推奨されています。ゼミでは最新の英語の論文を紹介することが前提となっています。最新情報ということに加え、英語に慣れること、英語の論文を訳すことで、日本語をそのまま通読するのとは違う思考力を鍛えることも期待されています。

書くほうも、評価されるのは英語で書いた論文です。掲載された雑誌に、インパクトファクター※と呼ばれる指標がないと、いい業績であるとは評価されません。私もこれまで発表した論文のほとんどが英語で、英文誌に掲載されました。和文で投稿したのは、頼まれた三本と、共同執筆した二本だけです。

英文誌といっても、もともと母体となっている団体があり、それは日本の学会であったり、ドイツの学会であったり、アメリカの学会であったりします。英語を母語としない場合、国内向けと国際向けの雑誌がある場合が多いです。私が日本のある地域に関する研究を英文誌に投稿したとき、「その内容は国内誌で発表してください。国際的な読者がそれによって何が得られるかわからない」という批評を受け、考察を書きなおしたことがあります。結果は何も変わらないのですが、何を考察するかを変えたところ、すんなりとその英文誌に受理されました。私の専門分野でも日本の学会には日本語の雑誌と英語の雑誌が存在します。英文誌は他の国際誌のなかで中～上流ぐらいに位置づけられていますが、和文誌のほうは評価が低く、編集者は論文を集めるのに苦労しています。最新の研究成果が投稿されないので、和文誌は生き残りをかけて、日本の地方の試験場の研究成果の報告、レビューや総説などといった日本の事情に対応した情報提供をする方向に動いています。一方で、アメリカの学会誌の場合、国内向けと国際向けの記事がごっちゃになった感があります。たとえば、国際的な環境基準を論文データベースWeb of scienceで調べてみようとしたときは、各国で提案されている基準だけでなく、アメリカのイリノイ州の環境基準がひっかかったりして面倒なことがありました。

面白いことに和文誌は、対外的な評価が低いかわりに、掲載されたときの「インパクト」は英文誌に比べるとかなり高いと実感しています。私も和文誌に研究の動向をまとめた展望論文（理系でいうレビュー）と総説をそれぞれ書いたことがあります。英語の国際誌で書いても、めったに反響を聞かないのに対して、和文誌で書いたときは、学会でいろいろな人に話しかけられたし、知り合いからメールで質問があったり、ちょっと専門が違う同僚からも誤植を指摘されたりしました。つまり専門が違う人も読んでくれていたのです！　日本語で本を出したときは、学生からも感想が来て、日本語で書くときの対象の近さを感じました。英語で書く論文の場合、データとその考察をいかに一般化し同じ専門の人の間で国際的に共有しあうかが中心となるのに対して、日本語で書く論文の場合、英語では必ずしも表現・伝達できない（する必要がない）細かいところまで伝えられ、より身の回りの人々や専門以外の人々に伝える、ということが中心となっています。

※インパクトファクターは、論文数に対して引用された回数が何回あるかを示す指標で、アメリカの会社が集計しているため、必然的に英語で書かれる雑誌が対象となる。過去五年の引用回数のみが考慮されるのも、簡単に忘れられる研究を奨励しているようで、おかしいと常々思っている。

2．シンポジウム・学会

国際シンポジウム・学会でも、使用言語は英語です。同時通訳があるのはめったになく、あった場合は、「この学会、お金があるんだね」とか、「この人たち、英語もしゃべれないのか」といった陰口をたたかれることになります。英語での発表自体はたいてい問題はありません。困るのは質疑応答。何度も国際会議で発表したことがある人でさえ、質問を理解できず返答に困っているのをよく見かけます。理解ある座長がうまく仕切り、質問をゆっくり言い直してあげたりして場がもつことが多いです。そのような座長がいない場合は、早口なアメリカ人や一部の英語に自信がある人たちのみの聞き取りにくい議論となり、議論が必ずしも共有されないまま話が終わってしまいます。声が大きい人が勝つ、というようなところがありますが、よくしゃべれなくても、あえて最後に発言することで意外に注目を集めることもあります。発言をすることが大事なんだな、と思います。

質疑応答以外では、国際会議でも国内会議でも英語で意思疎通を図ることはそれほど問題ではない気がします。じっくり話ができる場では、つたない英語でも通じるし、懇親会やエクスカーション（見学旅行）ではファーストネームでの「フランク」な交流の場がつくられます。日本人の先生方も、そのような場では、たいてい下の名前のほうを使って自己紹介されていますす。日本語で話していてはつくれない開放的な雰囲気になります。絶対、名前では呼べない年配の先生など、会話のなかでどう話しかけていいのか困り、私は結局英語でも「〇〇先生」といっていますが。

日本語による発表が大部分を占める国内の学会でも、留学生など外国人が参加することが多くなっています。そのため、ある学会では、分野を問わない英語のセッションをつくっています。そうでない場合、日本語の発表が続くなか、急に英語の発表があると、ある戸惑いが走ります。下手な英語で質問したくない、と沈黙が続き、英語での発表者（たいてい留学生）がかわいそうになります。国際誌に投稿するのが基本で英語は問題がない人々のはずなのに、日本語

（母語）のほうがやはり自由に話すことができるということを感じます。

3. 調査や打ち合わせ

日本で行う調査の場合、留学生たちと一緒に繰り出しても、農家の方々や道中会う人たちと使うことばは日本語。留学生が片言の日本語であいさつしたり、質問に答えたりするのも、調査に協力いただく方々と懇意になり、信頼を勝ち得るためには不可欠です。

一方、海外での調査では私は英語圏に行ったことはなく、行く先々は、東・東南アジアが主です。インドネシア、マレーシア、フィリピン、ベトナム、中国……と多くの国に行っています。行った先々のことばを覚えようと思っても、滞在期間が一週間程度では到底覚えられません。いつもあいさつと1、2、3ぐらいで終わってしまいます。

したがって、意思疎通は自ずと英語に限られてくるのですが、常に英語ばかりを話しているわけではありません。相談は日本語になったり、相手側のことばで内輪の会話が行われたりと、数言語が飛び交います。現場の協力者との交渉には、行った先の国の受入れ担当者が間に入ってくれます。グループでの調査の場合、よくあるのは、日本側と相手国側それぞれの英語が上手な人たちが意見を集約して語り、自国の人たちに解説を加えたりするパターン。みなが英語で話せても、ちょこちょこっとしたことは、自国のことばになったりします。マレーシアの友人宅では、家族の人はみなマレー語、中国語、英語が話せるのですが、英語しかできない私がいても、マレー語での会話はたくさん存在します。研究所でも同様で、英語での指示のほか、マレー語での指示も行われます。何をいっているのかわからないので、どう使い分けているかはわからないのですが、違うことをいっているとは思えないので、私に関係ないより細かな説明だったり、私には聞かせたくない準備やニュアンスなどがあるのではと思っています。

英語が不得意な国に行くと、その傾向はもっと強くなります。中国に一人で行くと、会話にはほとんど入れてもらえず、意見を聞かれるときだけ議論は英語になり、私の話が終わるとまた中国語になる、ということが多いです。日本人の数が多くなると、英語の比重は多くなりますが、それでも議論の途中から中国語に変わってしまうことがあります。「?・?・?・」と黙る日本人に気づいて会話が英語に戻ったり、「で、どうするの?」というこちらの質問で会話がまた英語に戻る。英語だけでやっているより話が進むので、内容がわからなくても辛抱強く待つことにしています。会話がわからなくても一生懸命話している態度はけっこう面白いものだし。

その場に両方のことばができる人がいると、その人が通訳をかって出ることもあります。私がベトナムでやっている調査では、試験結果が理解できず、調査方法の再検討を行う必要が出たのですが、何をどうやったかという込み入った話になってきたとき、英語での会話は崩壊し、ベトナム語を話せる日本人が双方がいっていることをまとめることで、話が進みました。このプロジェクトに関してはとくに、ベトナム語ができる、ということが重要な因子でした。二年間迷走していたのですが、ベトナム語が流暢なスタッフが二名加わることによって、飛躍的にプロジェクトの成果が出てくるようになったのです。

英語と他のことばが入り混じることは日本でも同じで、日本に海外からのお客さんが来ると、お客さんそっちのけで日本語で説明が行われることがよくあります。ポカンとしている外国人に気づくと、なるべく要約をして付き添ってあげることにしています。そのような助けに感謝されて、漁夫の利を得ることもあります。

4. まとめ

このように理系研究者の言語事情を考えてみたところ、必ずしも英語一辺倒ではないことがわかります。英語の使用は、成果を広く知ってもらうための情報発信、また、一般化された情報の収集にはとても有効です。一方、英語圏でない現場で調査を遂行したり、議論を深めたり、研究を社会に還元するためには、母語・現地語も重要な役割を果たしています。英語での説明よりも、母語での説明のほうがずっと早く理解され、信頼されるので、何でも英語でやることは必ずしも効率的でないと思います。必要に応じて、英語やそれぞれの母語を併用して使っている、というのが実は理系の現実で、多言語使用が意外と一番、効率的なのです。

11 意外と日本語でいける

さらなる言語を学ぶことの意義はわかっても、自分にはハードルが高いと思われる方もいるでしょう。でも、大丈夫です。国際的な伝え合いは英語やその他の異言語でなければならない、ということはありません。意外と、日本語でもかなりいけるのです。

国語の授業では、文章を読んだり書いたりしますが、外国人と日本語を話すときにどうしたら通じやすいかに関する訓練は受けません。しかし、日本にいる外国人と話すときに念頭におくべきは、英語よりもまず日本語を使うという可能性なのではないでしょうか。国内における国際的な伝え合いのための日本語について、日本社会はこれまで十分に考えてきていないように思われます。日本語で外国人と話すという可能性を活かしきれていないのです。

しかし最近、外国人と話す日本語を意識する例が少なからず見られるようになりました。たとえば、現在、日本企業の国際化がいわれていますが、どういった言語で国際化したらよいのかについ

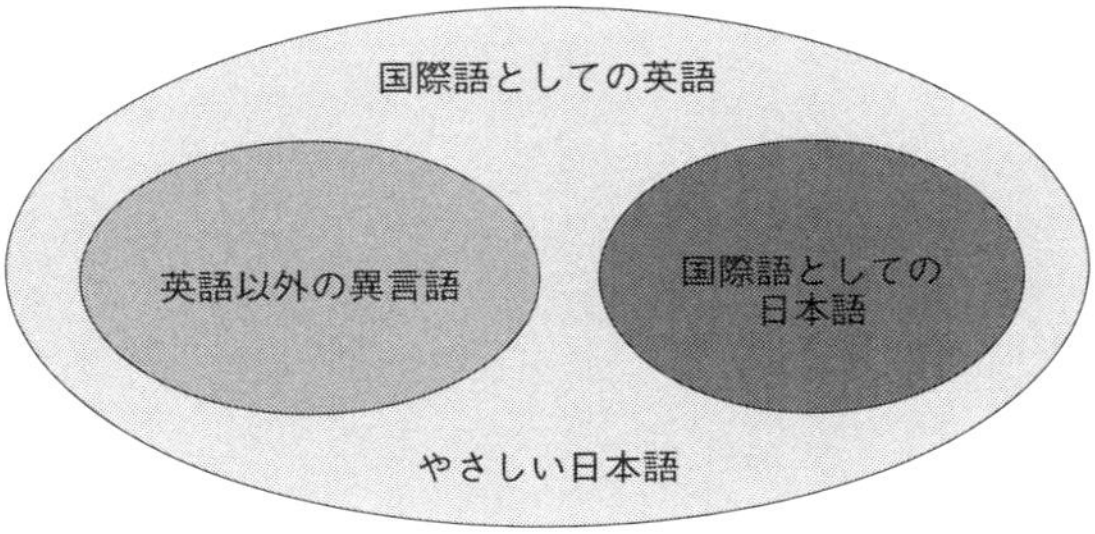

出典：本名信行・竹下裕子（2012）、22頁（元の図は英語）

図５　日本企業に求められる国際言語能力

て、こういう図があります（図５）。この図は、このような多言語の可能性のなかで日本企業の国際化を考えるべきではないかという提言です。国際化＝英語という考えで「グローバル化」に本当に対応できるわけではなく、世界で英語以外の言語を話す地域と取引をしようと思ったら現地語に関する配慮も必要です。一方、国内はもちろん海外でも日本語を勉強している人もかなりいます。そういった人たちの日本語力をどう活用していくか考えるのがもう一つの可能性でしょう。

日本語の国際的な活用に関しては三つ論点があると思います。リンカーンの演説のもじりみたいですが、一つ目は日本語による国際化です。その帰結として日本語の国際化が生じるのではないかというのが二つ目、さらにそれは日本語のためになるのかどうかが三つ目の論点です。この三つについてそれぞれ考えていきましょう。

日本語による国際化

駅の自動販売機で、大柄な白人男性が何やら困っている様子です。どうしたんだろう、と思って見ていると、目が合ってしまいました。どうしたものでしょうか。

①黙って目をそらし、立ち去る。
②思い切って「May I help you?」と尋ねる。
③ゆっくりと「どうしたんですか」と話しかける。

（荒川二〇一〇、一八〇頁、練習問題1）

この場合、あなただったらどうしますか。困っている人を見過ごす①はあまりよくないでしょう。それに比べて、②は「国際的」でよいと思う人も多いと思います。しかしここでの著者（出題者）の意図は③、日本語という可能性に目を向けることです。これは節英という観点からもうなずけます。その際、「ゆっくりと」というのも大切です。でもなぜ日本語がいいのでしょうか。

ここは日本だから日本語で何が悪い、という考え方もできます。しかし、そのような原則論をもちださなくても、そもそも日本にいる外国人について、日本語ができる人と英語ができる人の割合を調べたら、日本語ができる人の割合のほうが高いというのです。これは、日本にいる外国人はアジア人のほうが多いということだけではなく、英語ネイティブを含む欧米人の間でも、日本語のできる人が多いということを含んでいます。また日本に来る外国人も、日本語を学んでいる、あるいは学びたいと思っている人が少なくありません。そういう外国人の意欲、気持ちを尊重するというのは、私たちの誰もができる配慮です。日本語で通じなかった場合、英語など他の言語に切り替える手もありますが、最初から英語で通そうとするのは、親切なようで、実は思いやりに欠ける態度になってしまいます。

日本での外国人とのコミュニケーションに関するある調査によると、いわゆる欧米人、白人っぽい人であったら、七割の人が英語で話しかけると答えました。一方、アジア人と見たら九割の人が日本語で話しかけるのだそうです（オストハイダ二〇一二）。これは考えてみるとおかしなことです。アジアだって英語を公用語とする国がそこそこありますし、ヨーロッパでは英語を公用語としない地域がほとんどです。なのに、なんとなく「欧米人（＝アメリカ人？）＝英語」という思い込みで判断をしてしまっているということがよくあるようです。私の知り合いの、日本在住のドイツ人やフランス人やロシア人などはみな（本当にみんな！）、英語で話しかけられたり、日本語で話しかけても日本人のほうが英語で答えた経験をもっています。こうして、アジア人は日本語を話さないといけない状況におかれるのに対して、欧米人は日本語を十分に話す機会が少なくなるということになってしまいます。日本語に接する機会という点では、欧米人がかえって不利な立場におかれているともいえます。とくに英語ができる人で、日本に住んでいながらいつまでたっても日本語を覚えない人がいるのは、日本人にも責任があるといえましょう。

こうして、日本語で話したいのに、英語で答えが返ってきて残念な思いをする外国人があとを絶たないという状況が起こっています。私の勤めている大学では、海外から日本語を学ぶ留学生を多く受け入れていますが、ドイツから来た留学生が、次のようにいっていました。スーパーなどで店員と日本語だけで話したあと、最後に「サンキュー」ということばを投げかけられることがけっこう多かったというのです。彼女は、これは小さいことだけど、外見によってよそ者として扱われたりアメリカ人と思われるのは、心地よいことではないといっていました。留学生でさえそう思うのですから、日本に長く住んでいる外国人（っぽい見かけの人）にとっては、いつまでも日本社会と距離感をもたされてしまうことになるでしょう。

もっとも、ヨーロッパでも、日本人はしばしば「ニーハオ」とか、中国語っぽいつもりの意味不明な「チンファンフン」とか呼びかけられることがあります。ドイツ人に「サンキュー」というのは、日本人に「シェシェ」というのと同じようなものだということは意識したほうがいいでしょう。相手ががんばって日本語で話しているのに英語で答えるのは、親切心でやっていることかもしれませんが、相手にとっては、自分の日本語が認められなかったように受け取られるので、あまり好ましくないでしょう。日本語で答えるほうが親切なのです。

もう一つおかしな現象が、外国人（に見える人）が日本人（に見える人）と一緒にいて、外国人のほうが日本語で他の日本人に話しかけると、その話しかけられた人はなぜか同行の日本人のほうに返事をするという現象です。日本に住んでいる知り合いのイギリス人は、日本人の妻と外出するとき、自分が話しかけても相手は妻に向かって答えるといっていました。これも、その人がとくにこわそうだから、ということではありません。すごくやさしい顔だちのフランス人の同僚も同じ経験を繰り返ししています。こういう現象を、社会言語学者のテーヤ・オストハイダは「第三者返答」と呼んでいます（オストハイダ二〇一一）。同じことが車いすなどの身体障害者の場合にもいえるとのことです。身体障害者の人が話しかけても、同行の健常者に答えるというのです。失礼な話ですね。

さらにおかしなことに、外国人が日本語で話しているのに英語を話していると思われる、ということがしばしば報告されています。思い込みがいかに強いかを物語っています。日本人と外国人の接触場面を研究している同僚によれば、これは決して特殊な例ではありません。見た目の「外人性」が「英語」と連想されて、その人が実は日本語を話していることに気づかなくなってしまうのです（Fairbrother 2015）。

では、思い込みでなくて本当に英語で話しかけられたときはどうしますか。英語に自信があるときは、ふつう英語で答えることでしょう。しかし、ここで考えてみたいのは、英語がある程度できる場合でも、日本語で対応してみるという可能性です。つまり、相手が日本語で話しかけてきたらきちんと日本語で答えるということはもちろん、相手が英語で話しかけてきても、日本語で答えるということです。

相手が英語で話しかけているのに日本語で答えるのは意地悪なように思われるかもしれません。でも、そういう場合でも、あえて日本語で話すことにはそれなりに意味があると思うのです。

まず、日本語で答えたり、日本語で話しても、かなり通じるのです。社会生活の多くの場面では、コミュニケーションの意図は状況で判断できます。たとえば本節の冒頭の例で、外国人と思しき人が券売機を見ているという場合には、ふつうは券売機のボタンに興味があるわけではなくて、切符を買いたいわけです。切符を買いたいというのがだいたいわかるわけですから、駅名の書かれた路線図を指さして「どこへ行きたいのですか」と行き先を聞いて助けてあげることはそれほど難しいことではありません。

数年前に新聞に載っていたＮＨＫの教材の広告に次のような文がありました。「『ご近所さんが外国人』も珍しくない。Hello! だけではつまんないネ」。この教材は「きょうから英会話」という番組の教材で、外国人が身近にいる場合の英会話として考えられています。例として二つの場面があげられていました。一つは、「燃えないゴミ」の出し方について教えてあげるという場面です。もう一つは、外国人を家に招いてすき焼きを出すときに、卵を出して「これにつけてね」と説明する場面です。これらはたしかにありそうな場面です。そうした場面の説明を英語で覚えよう！という教材でした。

この教材は、日本に住んでいる外国人には英語を話すという発想に基づいています。でも、隣りに住んでいる外国人にゴミ分別を教えるためにわざわざ英語を学んであげるというのは、親切を通り越してやりすぎな気がします。分別をしている地域ではたいていゴミをおく場所に表示があったり、家庭に配布されている絵入りのゴミ捨ての図やカレンダーがあります。それを示して説明するので十分です。また、すき焼きを卵につけるということは、しぐさで示せばわかるものです。伝え合いにおいて言語以外の要素が果たす役割の大きさについては、次章で改めてとりあげます。

まずは日本語で話してみたらいいという二つ目の理由は、たとえ英語のほうが相手に通じたとしても、日本語で話したほうが相手のためになるのではないかということです。

私は学生時代、学生寮に住んでいましたが、あるときアメリカ人の留学生が入寮しました。そのとき寮長さんが、「アメリカ人の○○さんがこれから一緒に住むのでみなさん英語で話しましょう」といいました。そうしたら、アメリカに留学していた経験のある寮生が、「僕はそうは思いません」と意見を述べたのです。彼は、自分がアメリカに行ったときにみんなが英語で話してくれたから英語がうまくなった、寮生活というのは衣食住すべてにかかわり一番日本語を使える場のはずだから、そこで日本語を使ってあげるのは彼にとってためになると思います、といったのです。なるほどな、と思いました。そう考えると、とくに日本に来たばかりで英語しか使えなかったとしても、日本語で話してあげるというのは、日本に来た外国人に対するおもてなしともいえます。

ここまで見てきたように、「日本語による国際化」というのは、日本語で話しかけられた場合はもちろん、英語で話しかけられた場合も、自分から話しかける場合も、まずは日本語で話してみることを基本にするということです。鈴木孝夫は、先にあげた教材とまさに同じような、ゴミ分別の場面でまず日本語を使って説明した経験を披露しています（鈴木二〇〇一、一二八頁以下）。鈴木はこうまとめています。

「日本でマンションを借りて仕事をしている外国人に、日本語をまったく勉強しないで日本に住める、と思っていることを許している日本人のほうが国際的ではないと思う。私たちがアメリカで学んだり、フランスで仕事をするときは、少しは相手国の言語を勉強していくのと同じです」（同、二三〇－二三二頁）

日本語の国際化

話してみて日本語が通じないときはどうするのでしょうか。英語ができる人同士であれば、やはり英語に切り替える、ということが多いと思われます。でも、ちょっと工夫することで解決する場合も少なくありません。

日本語教育が専門の杉原由美は次のように語ります。

「もし、留学生に日本語で話しかけても通じない場合、すぐに英語に切り替えるという方法がとられがちです。でも私はもう一つ別の方法があることをみなさんに伝えたい。たとえばご飯を食べているときに、『お口に合いますか?』と外国人に訊いても通じなかったとします。そのとき、『美味しい?』と訊き直す。つまり、すぐに英語に切り替えるんじゃなくて、二人の間で通じる日本語を模索する。そうすると、コミュニケーションが成立することが多い。（…）英語以外にも日本語が意志疎通の手段になることを伝えたいですね」（杉原・藁谷二〇一四、七）

実際、留学生に聞いてみると、日本語で話すとき、難しいことばで速いスピードでガンガン話されてわからなくなることがある、という経験をした人は少なくないようです。それで、日本語で話すことを最初からあきらめて英語で話すという人もいました。せっかく日本に来ているのに、もったいないですね。

ここで出てくるが、「日本語の国際化」という課題です。つまり、日本語によって国際化するということは、日本語が国際化していくことにつながるのではないかということです。

日本語の国際化については、すでに多くの提案がなされています。たとえば、「共生日本語」という提案があります（岡崎二〇〇七）。日本語母語話者がふつう使っている日本語を「母語日本語」というとすると、外国人が日本社会で使う日本語とはどういった日本語がいいのだろうか、それは日本人が話す日本語とは違うのではないのだろうか、という問いかけから生まれた考え方です。これはいわば「母語英語」と「国際英語」を区別するのと類似する発想です。そこで、母語日本語と区別する形で共生日本語ということを考えるわけです。あるいは、「日本語という外国語」という言い方をする人もいます（荒川二〇一〇）。相手は外国語として日本語を使っているので、日本人の側も、そのことを意識して話すということです。

こういう潮流のなかで、とりわけ注目を集めているのが、「やさしい日本語」です。これは、通常、ひらがなで書きますし、ひらがなで書くこと自体にも「やさしさ」があるのだと思いますが、漢字にすると、「易しい」、つまり簡単という意味と、「優しい」、つまり親切な、という二つの意味がこめられていると考えることができます。相手のことを考える気遣い、思いやりの一環としての日本語のあり方です。

つまり外国人が「完璧な」日本語を話さないとダメ、ということではなくて、低いレベルから日本語を使える方法を考えていく。そうすると日本語学習者は使うことで日本語がうまくなっていくでしょう。一方で、日本語母語話者は、ふだんの話し方と比べて、わかりやすくするための工夫が必要になります。外国人に日本語を教えるだけではなく、「国際英語」と同じく、日本人にも「やさしい日本語」の使い方を教えることが考えられます。これができれば、「英語」でもなく「日本人同士の日本語」でもなく「やさしい日本語」を地域社会の共通語として使うといったことが一番現実的な伝え合いの方法になります（庵二〇一六）。

日本語のための国際化

しかし、「やさしい日本語」をこれまでの日本語とどう関連づけるかについては二つの考え方があります。一つは、日本語の使い方の一つの種類として考えるというものです。日本語にはそもそもいろいろな話し方があります。教員の授業での話し方は、商社マンの商談とも違いますし、ヤクザの日本語とも違います。漁師の日本語とも違うわけです。あいさつの仕方からして場面によって違います。授業に先生が入ってきても、学生は「いらっしゃいませ！」と迎えたりはしません。そういうういろいろな種類の話し方の一つとして、日本語学習中の外国人と話す話し方があると考えることができます。日本語はそもそも均質でなくて、時と場合によって使い分けるのがふつうなので、日本語学習中の外国人と話すときはこう、と使い分けをするのです。あるいは、技法として考えることもできます。外国人向けの話し方の調節を、こうやったらうまく通じるのではないかという技法として考えるということです。

たとえば、「とりあえず大阪の人にやらしとけば、あとでこっちでも話を聞いとくし」という調子では外国人には通じないので、「その仕事はしばらくの間、大阪の人にやってもらいましょう。仕事が終わったら私も話を聞きます」と言い換えることが考えられます（荒川二〇一〇）。これは、伝えるための技法としてとらえることができます。

日本にいる英語ネイティブの多くは日本人と英語を話すときにそのように調節しているそうです。つまり日本人と英語を話すときは、イディオム（慣用表現）満載で話しても通じないので、ゆっくりはっきり話すとか、あるいは単語を調節するとか、イギリス人でもイギリス英語よりもアメリカ英語のほうが通じるからあえてアメリカ英語の単語を使うということもあるそうです。日本人が外国人と日本語で話すときにも同じように調節することが考えられます。

なるほど、と納得されるかもしれませんが、違った見方もあります。「やさしい日本語」と名づけるということは、そうでない日本語は、単純に考えると、「難しい日本語」ないし「難解日本語」ということになります。「優しい」（≒親切な）の逆は「不親切」ですから、「不親切な日本語」ということにもなります。日本社会に見られる難しい日本語や不親切な日本語をそのまま放っておいて、ただ「やさしい日本語」を付け加えるのでいいのか、という疑問が提起されています。つまり「ふつうの」とされる日本語自体に問題はないのか、ということです。必要以上に難しくなっていないだろうか、日本人にとっても問題をきたしていないだろうかという疑問です。

そこで、外国人向けに「やさしい日本語」を考えるよりも先に、ふつうの日本語自体、もっと平易にしたらよいのではないかということをいう人もいます。たとえば、お役所の文書など、わかりにくいものがしばしばあります。私も、大学の研究費の使い方に関する連絡の文書を、何度読んでもよくわからなかったことがあります。一応ふつうに日本語で生活をしている人間としては、これ、なんとかならないかと思ってしまうわけです。そういった文書が日本社会にはかなり蔓延しているのではないでしょうか。つまり必要以上にわかりづらい文章があちこちにあって、相互理解を妨げているのではないか。そうした場合、外国人だけではなく、日本人のためにもやさしい日本語をまず考えてみるべきではないか。こういう考え方もできるわけです。

日本に住む外国人が増えているということは、日本人にとっても、日本語の伝達をよりわかりやすくする一つのきっかけになる、と考えることができます。その意味で、「わかりやすい日本語」

をめざすことは「グローバル化」云々にかかわらず、日本人にとってもよいのではないでしょうか。外国人のためとか恩着せがましくやさしくするのではなくて、そもそも日本語自体を考えてみたらどうかと提案されているのです。

でも、「やさしい日本語」が日本語の表現力を奪うのではないか、という懸念もあるでしょう。たしかに言語表現の奥深さが失われるとしたら、文化的な損失と考えることができます。しかし、日本文化の豊かさを大切にすることと、日常の社会生活へ の参与のハードルを低くすることは、矛盾しないはずです。やさしい日本語を、「ふつうの」日本語と切り離した使い方と見なすか、それともその一部にしていくかにかかわらず、やさしい使い方を開発していくことが、日本語自体を平板なものにしてしまうほど、日本語は弱っちくはないと思います。

先に国際英語について考えましたが、英語は、歴史のなかで、異なる背景の人が学んで使っていくことで、もまれて鍛えられて学びやすい言語になったわけです。また、現在のように表現力が豊かな言語にもなったのです。英語の表現力が低いと思う人は誰もいないと思います。英語が学びやすいと私たちが感じるのは、元からそうだったわけではなく、さまざまな変化を経て、だんだんと学びやすい言語になってきているのです。かといってそのことが英語を貧弱にしているわけではありません。ですから、ここでの問いは、日本語の場合も同じ冒険の道に出ることをどう思うかということです。

国際語としての日本語の可能性を考えることは、日本語がいわば寿司みたいになることです。寿司は今や、世界各地で大人気です。ところが海外で売っている寿司は日本で売っている寿司とはまったく違うものがよくあります。私は、海外で寿司を食べてみるのが好きなのですが、それは、海外に行ってまで食べたいと思うほど寿司が好きだというよりは、どんなふうに変化しているかを味わってみたいから、ということです。私の経験した最高傑作は、ポーランドで食べた「Satori（悟り）」という寿司定食です。「Satori」の段階が一から六くらいまであって、それぞれ独特な寿司を味わえます。そのなかで、「Satori 2」というのは、てんぷら寿司です。天むすのように天ぷらをネタにした寿司を想像して注文したところ、巻き寿司に衣をつけて、それを揚げて天ぷらにしたものが出てきました。ポーランドではけっこう普及しているようですが、なかなかおいしかったです。

日本語が寿司ほど大人気になるということはあまり想定できませんが、Satori みたいなものを、日本の寿司の基準に反するからダメだと見なすか、寿司が豊かになって面白いと見なすか、ということが、ここで考えたい議論だといえばわかりやすいでしょうか。私は、「Satori」寿司を認めたからといって、本場の日本の寿司が廃れるわけではないように、日本語についても、そのほうが通じるときに「やさしい日本語」を使うことが日本語全体を平板にしてしまうことはないと思います。

国際語としての日本語

以上、三つの論点をあげました。

まず、日本語によって国際化していくことです。つまり、日本で国際理解というとすぐに英語につながってしまいがちですが、英語を一番最初の選択肢にせず、現地語を優先し、共通語（国際語）は他に可能性がないときに使うという節英原則にのっとって、日本国内の国際コミュニケーションの場で日本語を使う可能性をもっと追究していきましょうということです。外国人と日本語を話すことは、日本社会を家にたとえると、いわばお客さんに玄関先で対応するのではなく歓迎して家の中に案内するという最上のおもてなしなのです。

その際は、話し方などで相手の日本語力に応じて配慮することが大切になります。その結果として日本語自体が国際化するということが二つ目です。つまり日本語自体に外国人にもわかりやすいよう「やさしい日本語」への変容が見られることが想定されるわけです。

そういった場合、その変容を、単に日本語に新しい使い方が付け加わるとして見るにせよ、あるいは日本語自体がより使いやすい言語に変わっていくきっかけとして考えるにせよ、日本語がより豊かになると考えるのが、三つ目の、日本語のための国際化です。

《コラム8》日本語話したいのに――話してもらえない在日外国人

●ベリングラート木村園子ドロテア

私の夫は日本がとても好きなドイツ人です。日本に関心をもったきっかけは何と「困」という漢字。興味をひかれて手にした盆栽の本に、「四角の中に木があると『困る』という漢字になってしまうから、鉢の真ん中に木を植えてはいけない」と書いてあったことで、日本語に興味をもったのだそうです。そして、他にどのような字があるかと、独学で漢字を勉強しはじめたのでした。それから盆栽をはじめ、休暇を使って日本語留学を何度もし、裏千家に入門したほど、日本の文化に傾倒しました。私と出会ったのも、そのような語学留学のときでした。やはり日本が好きなドイツ人を母にもっていたので、すぐ心通じるところがありました。

夫は会ってすぐにドイツに帰ってしまったため、交際は日本語での文通で始まりました。手紙ではなくeメールですが。日本語学校で勉強したとおり、宛名、季節のあいさつ、本文、そして、文末の結び。丁寧語で書かれ、漢字が散りばめられた文章は、とても古風で温かく、ドイツ語の直訳からくる変わった言い回し「今度あなたの家を探索します（＝訪ねる？）」「映画を緊張しています（＝楽しみにしている？）」に思わずにっこりしていました。このような手紙への応答も、自ずと整った言い回しとなります。私自身は気づかなかったのですが、長年の友人に「最近のメール、語調が丁寧だね」と指摘され、夫に対応した丁寧語になっていたことにはたと気づきました。スカイプでチャットを始めてからは、その傾向はもっと顕著になりました。「～だから」「～ね」「～もん」という形で終わってしまうと、うまく通じないのです。簡単な日本語入門としてプレゼントした漫画が意外に不評だったのも同じ理由です。主語がはっきりせず、語調がくだけてくると、意味がわからなくなってしまうのです。「活用形だと何になるの？」と聞かれても、説明できず、困ってしまいました。夫と一緒に、友人のところに行った際、「お互い、さん付けで呼び合ってるんだね」と驚かれましたが、それは日本語では丁寧語で会話しているためです。決して他人行儀な関係のためではありません。結婚したあとも、日本語で話すときは、ですます調です。ちなみに、ドイツ語での会話では呼び捨てです。

　さて、結婚して日本で一緒に生活を始めて、夫は大きな壁にぶち当たりました。日本語の壁です。これだけ日本が好きで、日本文化に親しみ、漢字を勉強しても、住んでみるとまだ「外人」なのです。日本に来て四〇年以上になる母でさえ、まだ「日本語がお上手ですね」と驚かれるくらいなので当然かもしれませんが、日本語勉強歴数年の夫はなかなか日本語で会話してもらえません。向こうから話しかけてくる人は、ほぼ例外なく英語で話しかけてきますし、夫が日本語で返事をしても英語で返してきます。私が一緒にいると、今度は日本語の返事を私に向けてくる始末。一緒にレストランに行くときは、夫の後ろに隠れたり、私も日本語ができないふりをしてポカンとしていたりして、店員が夫と会話するように仕向けたりしています。

そうやって日本語で会話ができるようになっても、たいてい、相手はお決まりの尊敬語や謙譲語を使い、それ以外ではなかなか話してくれません。「〜でございましょうか」とか「〜いかがいたしましょうか」といった長々とした語尾は、ですます調、さらに母語への翻訳が必要なので、理解に時間がかかります。集中して考えている間も、相手は夫の反応を引き出そうと、どんどん早くしゃべりつづけてくるので、夫はますます混乱していきます。「〜ですか」とか「〜どうしますか」のほうがわかりやすいのに！

日常生活ではなかなか日本語を話させてもらえない反面、職場では逆の問題が待っていました。今度は日本語ができることが前提とされ、容赦なく、丁寧、謙譲、尊敬語の混ざった主語のない口語を浴びせられます。また、がんばって日本語で対応しても、反応が遅かったり、ドイツ人らしく表情を顔に出したり、間違った謙譲語を使うと、反感を買われてしまうのです。「取ってください」と「取っていただけないでしょうか」といった程度の違いなのですが、日本語が話せることが前提とされると、そこを間違えると侮辱と取られてしまうのです。外国人ががんばって日本語を話しているというボーナスは付かず、マイナス評価にしかならないのです。一方、その場で英語が使われると、いくら顔をしかめようとも、簡略な命令形で話をしようとも、とくに問題となりません。

近所付き合いの日常生活でも、職場でも、日本語がなかなか使えない、かわいそうな夫。では、家庭で私たちは何語で話しているでしょうか。日本語、といいたいところなのですが、実は私がドイツ語が話せるため、ドイツ語中心です。日本語で始めても気づくとドイツ語に戻ってしまうことがほとんどです。ですます調で丁寧に話すことを心がけても、日本語のニュアンスの多さに夫が混乱し、その説明をするうちにいつのまにかドイツ語になってしまうのです。すぐに伝わらないのに私が面倒くさくなってドイツ語に逃げてしまうことも原因です。

同音異義語が多い日本語の話し言葉では、文脈の流れでどの語についての話なのかが判断されるのですから、一度文脈を見失ってしまうともう大変です。天気についての会話に、飴玉(雨)や蜘蛛《くも》(雲)がうじゃうじゃ出てくるようなものなのですから！　日本語に多いオノマトペ(擬声語)や細かい描写は小出しにして、主語を明確に(私、彼、彼女、あなたを入れて)、丁寧語で話すこと、これが私の日本語の練習になっています。

日本に来る外国人は、私の夫や母のように日本が大好きで、勉強した日本語を生かしたい人がたくさんいると思います。それなのに日常生活でも、会社でも、家庭でも、日本人は日本語を話す外国人に不親切で、多くの人が日本語が話せない状況に陥ってしまっているのです。身近な外国人に、(多少、失礼な言い回しをされても)日本語を話すよう、ぜひ励ましてあげてください。そして、外国人を見かけたらぜひ簡単な丁寧語でゆっくり話しかけてあげてくださいね。

12 日本語をもっと活用するために

「節英五か条」は、日本語を学ぶ外国人はもちろん、外国人と話すときの日本語母語話者にもあてはまります。外国人と話すという場面の特性を意識してそれなりの話し方を心がけ（第一条）、共通語よりも現地語優先で外国人とも積極的に日本語を話し（第二条）、日本語があまりできない外国人に対しても恥ずかしがらずに勇気をもって日本語で話し（第三条）、やさしい日本語について提案されていることを取り入れることで他者の力を借りつつ（第四条）、異なる文化的背景をもつ日本語学習者の多様性を尊重して日本人とは異なる話し方も受け入れる（第五条）ことが考えられます。

これらをまとめる方針としては、「まずは日本語で」、そして「必要に応じてやさしい日本語を」ということになります。前章では主に日本国内を念頭におきましたが、本章ではさらに、海外での場面を含めて、相手が日本語ができなくても日本語でいける可能性を追究したいと思います。

通翻訳は使い得

まず考えられるのが通訳を使うことです。書面では、翻訳ということになります。通訳は、他の言語を話す人と、異言語を学ばなくても意思疎通ができるすごい方法です。通訳のもう一つの特長は、対等な立場になるということです。いずれの人も自分の話せる言語を話してよいわけですから、どちらか一方の言語を使うわけではないし、異言語能力によって差が出ることもないのです。また、異文化間の誤解が生じかねないところを通訳者がうまく処理してくれる可能性があり、効率性という面でも利点があります。

学生が次のような、自分の父親の例を教えてくれました。

「三〇年ほど前から仕事で日常的に英語を使っている父が『通訳がいたほうが、交渉をうまく運びやすい』といっていた。『英語でもとくに問題なくコミュニケーションをとれる。ただ、通訳に仲介してもらったときのほうが、話す内容を熟考することに集中でき、通訳がいないときよりもうまく事を運べた』と語っていた」

一方、通翻訳の問題としては、お金がかかるということがしばしばいわれます。通翻訳者を使うたびにお金がかかります。ですから、通翻訳って高いな、と思いがちなわけです。ところが、コストを全体として考えると、通翻訳を使わない場合と比べると、通翻訳を使ったほうが実は安いという見方もできるのです。なぜかというと、通翻訳を使わない場合は、自分自身あるいは相手、あるいは共通語を使う場合は両方が、高度な話ができるぐらいの異言語能力を身につけないといけません。もし日本人が英語を話すとき、通訳がこなしているのと匹敵するような水準で話せるためには、並大抵ではない勉強をしないといけません。今、日本の会社は、朝活で英語をやっているところもあれば、英語を社員教育でやっているところもあります。それには相当なお金と時間がかかります。それでもプロの通訳者の水準には到底及ばないでしょう。会社や組織によってどれくらい需要があるかにもよりますが、全員が高度な言語能力をめざすよりは、通翻訳ができる人を雇ったり必要に応じて依頼するほうが実は安くすむし、社員も時間を他のことに使えるということになるのです。

私は、ヨーロッパの国境地域の言語事情を調査したことがあります。そのとき、たとえばドイツとポーランドの国境にある両国の警察署では、警察官がそれぞれ互いの言語を学ぶ研修を行っていましたが、それとは別に通翻訳者を雇っていました。両国合同の会議の際は通訳者の出番となります。警察官は国境地域の日常業務に使うために相手言語を覚えるわけですが、会議で自由に表現できるほど言語能力を高めたり文書を訳すことができるまで学習するのは、必ずしも警察官の本分ではないでしょう。そこで、そういった場合は通翻訳をプロにまかせるのが合理的なのです。

警察官と違い、国際的に研究したり発表することが今や求められるようになっている学問の世界では、通訳は不要と思われるかもしれませんが、私はこれまで、通訳が学術的な場で重要な役割を果たした場面をいくつも見てきました。通訳を用いたことが、直接の英語によるやりとりよりも有効に作用した例として印象的な経験が、ゲーム理論でノーベル経済学賞を受賞したラインハルト・ゼルテンというドイツの学者が来日したときのことです。縁あって私が通訳することになりました。同氏は、経済学界向けの前回の来日では、研究者は英語がわかるというので英語で講演したそうです。それに対して私が通訳することになったときの来日では、一般向けの公開講演もするということで通訳を使うことになり、私の役割は、彼の経済学を一般人にもわかりやすいように通訳するということでした。公開講演では一般の人にはどこがわからないかという素人の視点をもって訳したので、聴衆の反応を見て、ゼルテンさんも、私が直接話すよりもいいようですね、といっていました。このような、聴衆に合わせた通訳をすることはまさに通訳者の本領発揮だと思うのです。

さて、このときの来日では、通訳兼案内人として私が同行したので、ついでに専門家向けのセミナーでも私が通訳することになりました。そうしたら、セミナーのあとでゼルテンさんが、今回のほうが前に日本に来たときに英語で講演と質疑応答をしたときよりも議論がずいぶん盛り上がった、といいました。日本の経済学者は、ふだんから英語で論文を書いたり議論したりしているのでしょうが、それでも日本語で議論するほど自由にはいえないので、いろんな疑問点などがわだかまったまま残っていたのかもしれません。それが今回は通訳がいるというので、これまで出せなかった疑問などもくまなく出せて、よい議論になったということのようです。つまり、あえて通訳を使ったことで、一見まどろっこしくて面倒だけれども、かえって議論が進んだのです。

そう考えると、通訳を使ってみるというのは、英語ができると思っている人の場合でも、実は意味があるのではないかということになります。

他にも、これまで何回か通訳付きの国際会議を企画したことがあります。そういう場合、通訳がなければ参加しなかった人が参加して、英語だけでやっていたのとは違う議論ができた、と実感することがしばしばでした。運営に携わった最近のある国際シンポジウムでは、発表言語は英語だったのですが、発表者のなかに、はじめて英語で発表するという人が、日本人のみならず、西アジア出身で日本在住の人を含めて、複数いました。そこで、質疑応答を日本語でも可能にして、司会者が適宜通訳するという方式をとりました。英語で質問を受けて発表者が日本語で答えて、それを司会者が日本語のわからない海外からの参加者向けに英訳したこともあれば、司会者が質問を英語から日本語に訳して発表者に正確に伝えることができた例もありました。こうして、発表者や質問者の英語力に左右されずに内容に集中した議論ができました。

通翻訳の意義を端的に示すのが、ヨーロッパ連合（ＥＵ）です。ＥＵは、世界でもっとも多く、数千人規模の通翻訳の人員をかかえる組織です。今や二四の公用語をもつＥＵの事務費の四割ほどが言語関連費用といわれています。これを批判して、全部英語でやったほうが安くなって効率的だという意見があります。

ところが実は、ＥＵのウェブサイトによると、ＥＵ市民一人当たりで考えると通翻訳費用はわずか年二ユーロほどなのです。つまり、ＥＵは世界最大の通翻訳を行っている組織ですけれども、一人一人がそれに払う費用を考えるとたいしたことはないのです。ＥＵのウェブサイトでは、二四の公用語で主な文書や情報が見られるようになっています。また、たとえばエストニアの市民は、エストニア語でＥＵと連絡する権利があります。そうすると、翻訳者がそれを適宜訳してＥＵのなかで伝えてくれるのです。もしそれを全部英語でやったとすると、イタリアの人も、クロアチアの人も、ＥＵの情報が理解でき、やりとりができるほど英語で文章を読み書きできないといけなくなります。その費用たるや、年二ユーロどころの話ではありません。時間もお金ものすごくかかります。ですから、膨大な通翻訳を行っているＥＵは、一見すごく非効率的なことをやっているように見えて、ＥＵという超国家組織を動かすためには、それが効率的なのです。

このように、費用対効果を考えると、実は通翻訳というのは、社会的に見ても、個人的に見ても、使い得だといえます。ですから、適切な通翻訳を使うことは、別にぜいたくではないのです。

同じようなことは、タクシーについてもいえます。タクシーは値段が高いと思われています。でも、自家用車と比較するとどうでしょうか。わが家には自家用車がないので、電車での通勤以外のふだんの移動は自転車が中心ですが、タクシーを使うこともあります。タクシーの運転手さんに「お宅は車、買わないんですか」と聞かれたこともあります。

車を買わない理由はいろいろありますが、一つは、買わないほうが経済的だからです。自家用車は好きに使えるから便利だし、いったん買ってしまうと、乗るたびにお金を払うわけではありません。それに対してタクシーのほうが、いちいち呼ぶのが面倒だし、毎回運賃を払って高い気がします。でも、たとえば一〇〇万円の車を買ったとします。そうすると、それにプラスして、ガソリン代とか駐車場代とか車検代とか保険料とか、いろいろかかります。それを仮に数えなくても、同じ金額で何回タクシーが乗れると思いますか。たとえば、一回に二〇〇〇円分乗ったとすると、五〇〇回は乗れるわけです。うちでは、病院に子どもを連れていくときや、旅行で荷物が多いときには自家用車代わりにタクシーを使います。けれども、この一〇年で五〇〇回はまだ使っていないと思います。また自家用車は、ほとんどの時間、駐車場においてあるわけですから、「不動産」に近いという人もいます。むしろタクシーを走らせておいたほうが合理的にも思えます。

こう考えると、タクシーは通訳と何となく似ています。毎回払うほうが高そうに見えるし、自分で好きに話したり乗り回したりするほうがいいというのはもちろんありますが、費用や時間を考えると、費用対効果という観点から、通訳やタクシーを一つの選択肢として考えてもよいでしょう。通訳を利用するのにかかる費用は高額だと思われがちですが、母語以外の言語をたえず高度なレベルで使う必要がない者にとっては、言語学習に割く時間・費用と天秤にかけると通訳のほうがコストが安く効率的なのです。

とりわけ昨今の技術の進歩にはめざましいものがあります。インターネットを通した便利な多言語翻訳サービスがありますし、タブレットを使った通訳支援システムでコールセンターとつながって話せるサービスも提供されています。空港など多くの人が利用する場所には多言語電子看板もありますし、多言語アプリもたくさんあります。

また特筆すべきなのが、機械による通翻訳です。初歩的な通訳や翻訳は、もうかなり機械で対応できるようになっています。東京都台東区のホームページのように、機械翻訳を使って一〇〇近い言語で閲覧可にすることなど、数年前には考えられなかったことです。レストランで、メニューを携帯付属のカメラでとると、その場で翻訳できる技術も開発されています。通訳でも、たとえばスカイプでお互いに母語を話しながら会話ができる機能が開発されています。本書が出る頃にはもっと新しい可能性が開けているにちがいありません。

完全に機械に頼るのでなくとも、機械の支援を受ける方法も進んでいます。過去の翻訳データを蓄積する翻訳メモリツールは、技術翻訳などではすでに不可欠です。文化的な解釈を含むところは依然として人間の技が必要ですが。

一方、使い勝手がますますよくなっているとはいえ、通訳を使うということは、やはり、直接的な伝え合いにはなりえません。今のところ、同時通訳の場合は機材が必要だったり、逐次通訳の場合は追加的な時間が必要だったりするので、通常の直接的な伝え合いとは違います。間に人が入ったり、機械が入ったりすることで、直接、人間がコミュニケーションをとるときと同じ感覚にはなりません。だから、通訳を介して親しい友人になるとか、恋人と通訳を使って会話するとかいうことは考えにくいわけです。人間同士の生のコミュニケーションは、何かが介在することで妨げられるので、いかにスムーズであっても間に言語の変換が行われる時点で、限界があります。

また、通訳に頼ることは、自らの異文化体験を避ける側面を含んでいます。つまり、異言語や異文化の間のズレや摩擦も、通訳者が、しかもうまい通訳者であればあるほど往々にしてうまく変換してしまうので、相手の文化について理解がないままで終わってしまうこともあるわけです。ですから、通訳を使うことが必ずしも異文化理解にとって理想的とはいえません。通訳をどこで使ったらいいかということは、かなり考えたほうがいいし、通訳ばかりに頼ることがいいということには決してならないと思います。しかし、意外に頼りがいがあるのが通訳ではないかとも思います。

翻訳も、前に見たように原語から必ずズレが生じます。その意味で頼りすぎは禁物です。でも、翻訳のおかげで、世界のことを日本語でもかなり知ることができます。日本は世界でも有数の翻訳大国でしょう。翻訳を介して、日本語も、日本語話者の視点を世界に開くのに大きく貢献しているのです。

漢字の功罪

次に、通訳を使わないでなお、それぞれが自分の言語を用いて理解しあう可能性について考えてみたいと思います。そんなことは不可能だと思われるかもしれませんが、「受容的多言語使用」といって、お互いの言語を学んでいれば、それぞれが自分の母語を使って会話するということが実際に見られます。異言語を学ぶと、自分でうまく話せなくても、聞いてなんとなくわかる、つまり話す力よりも聞き取り能力のほうが高いということがよくあります。そういうとき、この方法が便利です。私の場合、ポーランド語は聞いてかなりわかりますが、話すのは流暢とはいきません。私の知り合いのポーランド人はドイツ語ができる人が多いので、私がドイツ語を話し、相手がポーランド語を話す、というのがお互いにとってもっとも便利なコミュニケーション手段です。

さらに、ヨーロッパなど陸続きの大陸では、同じ系統の言語は、とくに勉強しなくてもある程度理解できる場合があります。ヨーロッパの言語は、フランス語やイタリア語などのロマンス系と、ドイツや英語などのゲルマン系、ロシア語やポーランド語などのスラブ系という三つの大きな系統があります。これらのそれぞれの言語圏のなかでは、けっこうお互いに言語は通じるということがあるわけです。たとえば私が調査してきたソルブ語はスラブ系の言語ですが、チェコに行ったときには、チェコ語もスラブ系なので、ホテルの受付の人や市場の人とはソルブ語で話しました。最初は、ホテルでは日本人が来たというので英語で話してくれたのですが、「チェコ語で大丈夫です」とソルブ語でいうと、向こうは、ああそうですかとチェコ語で答えて、こちらはソルブ語で話すという感じで話していました。さすがにチェコ語の劇を観に行ったときはほとんどわからなかったですが、ゆっくり話してくれればある程度の用は足せるということを実感しました。

ゲルマン系に属する北欧のスウェーデン語やノルウェー語の間などでもそういった伝え合いの方法を伝統的にとってきましたし、ロマンス系の言語も、境界は必ずしも明確ではなく地理的に少しずつことばが変わっていくので、隣接する地域では通じ合っていることが多いようです。類似言語の特徴を速習するための教材も出ています。

そうはいっても、日本語でどのように可能かというのが次の疑問だと思います。ご存じのとおり、日本語はそれほど近い言語がありませんから。しかし、言語の共通項がある程度役に立つこともあります。たとえばカタカナ語は、他の言語にも入っていることがあるので、役に立つことがあります。カタカナ語についてはすでにコラム5（一五四頁）でとりあげたように、日本語において必ずしも好ましい役割を果たしているものではありませんが、活用できることもあるのです。私は韓国に何回か行っているので、ハングルはなんとなく読めるのですが、読んでみると、日本語にもあるようなカタカナ語だったということを何回か経験しました。

ただ、カタカナ語の場合、とりわけ現代の専門用語を理解することには役立つとしても、それだけで文をつくるのはかなり困難です。より生産的な可能性として、漢字の活用が提起されています。これは、日本で伝統的に行われてきた方法でもあります。日本では、東アジアとの国際交流の主な手段の一つとして、何百年もの間、筆談が用いられてきました。福井県に行ったとき聞いた話ですが、かつて福井県に来た朝鮮の人たちと現地の人たちはお互いに漢字で意思疎通を図っていたとのことです。中国との間でも、もちろん筆談が行われてきました。有名な例としては、孫文が革命を起こそうとしたときに、それに共感した日本の宮崎滔天《とうてん》という人がいますけれども、彼は孫文と筆談で革命の話をしたそうです。

現在でも、たとえば中国にいる日本人駐在員と現地の人との間では漢字を使った筆談が見られるそうですし、これまで私の授業を受講した学生のなかにも、中国人と筆談した経験のある人が何人もいました。ある学生は、中国の学校を訪問した際、英語での会話を試みたがあまり通じなかったので筆談をしたら「会話」が盛り上がったといっていました。別の学生は、基本的に英語を使うとしても、お互いに英語で知らない単語があった場合、漢字を使うことで理解できたことを報告してくれました。たとえば、英語で「先輩」という単語を知らなかったので漢字で書いたら理解してもらえたとのことです。学生は、「漢字の発音も文法も違う外国語なのに、なぜかなんとなく理解できる、という不思議な感覚」を味わったとのことです。韓国＝朝鮮語との間では、日本語と、もともと漢語であった単語の発音もなんとなく似ているものもあり、ハングルで書いてあっても、文脈からしてわかることもあります。

ただし漢字は、意味が異なる例も少なくないので、過信はできません。有名な例ですと、「手紙」は中国ではトイレで使う紙です。また「愛人」は中国語では「妻」、韓国では「恋人」の意味になり、日本とは意味がずれるので、誤解を招きかねません。

そこで、二〇一四年に、日中韓の賢人会議という会が開かれて、日中韓で形も意味も共通する漢字が八〇八字あるので、それらの共有漢字を活用することが提案されました。中国には『現代漢語常用字表』、日本には『常用漢字表』、韓国には『教育用基礎漢字』という漢字表があるのですが、それらを比べてみると、八〇八字が同じだったというわけです。ここに出てくる漢字は、カタカナ語と違って、ふだん使う語彙もかなりあるので、これらの漢字を意思疎通を図るのに使おうという提案です。

しかし、いいことばかりではありません。漢字は一方で東アジア圏とつながる可能性をもっていると同時に、日本語において伝達の障害にもなっています。

どういう人にとって障害になるのでしょうか。この本を読む方はあまり意識しないでしょうけれども、視覚障害や識字障害がある人にとって、数が多く複雑な漢字は、日本語の読み書きを身につけるうえで大きな障害になっています。日本語がかな文字やローマ字書きだったら起こらないような識字の問題が起きているのです（かどや・あべ編二〇一〇）。

本書のテーマである国際コミュニケーションに関しては、日本語が第一言語でない人たちにとっては、漢字を新たに覚えることが大きな負担となります。日本にいる外国人のなかで、日本語を流暢に話している人でも、本や新聞はほとんど読めないという人が少なからずいます。外国人の日本語力には、話し言葉と読み書き能力に、日本で生まれ育って学校教育を受けてきた人には思いもよらないような大きな差がしばしばあるのです。

ですから、漢字は、異言語間の伝え合いを助ける側面と、妨げる側面を含んでいるのです。昨今、パソコンで簡単に打てるようになったので、漢字の使用が増えている傾向が指摘されます。書くほうは問題なくとも、読み手に識字障害者や外国人も含まれることを考えて、難しい漢字を控えることも、国際コミュニケーションの作法ではないでしょうか。私は、少なくとも自分が手で書けないような漢字はパソコンでも使わないようにしています。漢字も節度をもって使いたいものです。

言語は意味だけではない

最後に、通訳を用いず、言語の共通項も用いずになお、日本語ができない相手と日本語で話す可能性について考えてみましょう。まず、次の例を見てみましょう。

私の知人のソルブ人で、自動車旅行が趣味の人がいます。何年かに一度、長期休暇をとってユーラシア大陸を旅してまわっているのですが、飛行機に乗らないで全部車で行くのです。その人がドイツから一二か国をまわって中国やベトナムまで旅行したことがありました。道中、何語で話していたかというと、なんとほとんどソルブ語で話したというのです。この人は、他にドイツ語とロシア語、英語がある程度できるのですが、もっとも通じたのが、英語ではなく、ソルブ語だったというのです。中央アジアのどこかでは、ソルブ語で話して一晩中、語り明かしたこともあったそうです。つまり、彼が中央アジアで一晩語り明かした人たちとは、彼はソルブ語を話し、向こうの人も現地のことばを話していたそうです。

彼によると、ソルブ語以外ではドイツ語が一番できるので、ソルブ語よりもはるかに通用範囲が広いドイツ語でまずは話してみたのだそうです。でも、ドイツ語が比較的学ばれている中央ヨーロッパをすぎると、ドイツ語はまったく通じない。旧ソ連圏ではロシア語でいけますが、その先はロシア語も頼りになりません。そこで英語を使ってみるのですが、そうすると、たしかに話はできます。けれども、多くの場合は、How are you? Fine, thank you. とか、学校で覚えたような決まり文句で終わってしまうので、面白くなかったというのです。ドイツ語もだめ、ロシア語もだめ、英語もつまらない。そこで、ソルブ語で話してみたら、驚くほど通じたというのです。一番通用範囲が狭いソルブ語が一番通じる。これはなぜでしょうか。彼の説明では、ジェスチャーや表情、音のメロディなどは自分の母語を使ったときに一番自然な形で出るので、一つ一つの単語の意味がわからなくても、相手の心に入りやすいということにちがいないということでした。ソルブ語がもっとも通じたのは、彼にとってもっともなじみのある母語だったからだということになります。

ソルブの現代詩人が次のように書いています。

Z nimšćinu přiżoš do města a dalej
z engelšćinu přiżoš do Ameriki a dalej
z serbšćinu přiżoš do wutroby swojeje
z njeju dojżoš wšuźi a dalej

ドイツ語では町へ行ける、そしてその先へも
英語ではアメリカへ行ける、そしてその先へも
ソルブ語では自分の心へ行ける
どこへでも到達できる、そしてその先へも

（Piniekowa 2002）

母語で話すことについては、学生からも似たような体験を聞きました。ある学生は次のように語っています。

「私は英語を学びはじめた頃、英語を話す際に緊張して日本語で話しているときのような表情の変化が少なくなっていた。自分では気がつかなかったが、そのために少し近づきにくい雰囲気を出していたらしく、日本人と日本語で話しているのを偶然見かけたクラスメートに『こんなに明るくてよくしゃべる人だったのか』と驚かれたことがある。慣れない場に放り込まれ緊張状態だったのか、たしかに日本語で話すことができる環境下にあると気持ちが和らぎ、リラックスして話すことができていた」

先ほどのソルブの知人の体験に刺激されて、私も海外に行くとき実験してみました。家族でドイツに行ったときのことです。このときはロシアの航空会社を使ったのですが、妻がひざ掛けをほしがっていたので、ロシア人の客室乗務員に日本語で「ひざ掛け、ください」と身振りを交えていいました。ちゃんと通じて、ひざ掛け毛布をすぐにもらえました。妻には、日本語で話しかけるなんて変だからやめて、と渋い顔をされましたが。なお、このとき、後ろの席から「お手伝いしましょうか」と声をかけてくださった方がいました。日本語しかできないと思われたのでしょう。できる言語で人を助ける、これぞ言語分業！（第9章参照）とうれしく思ったことでした。

日本語を話すのは、機内のように決まった内容の伝達が行われる場では、かなり便利な手段ですが、飛行機から降りたあと、町ではどうでしょうか。ここではバルセロナに出張したときの経験をご紹介したいと思います。まず、空港から市内に向かうバスでは、切符は五・九〇ユーロと看板に書いてあるので言語なしですみました。市内では、所用までしばらく時間があったので、ガウディの設計による有名な聖家族教会（サグラダファミリア）に行ってきました。かばんをもったまま入ろうとしたら、入口のおじさんが、何やらいっています。一言もわかりませんでしたが、コインロッカーを指差しているので、荷物をそちらに入れるんだということはわかりました。

見学後、レストランに行きました。パンのおかわりがほしかったので、パンの入っていたかごを上にあげて、「おかわりください」といったら、ちゃんともらえました。

バルセロナのあとはパリに行きました。バルセロナからパリに行く列車の中で、トイレが閉まっていたので、誰か入っているんだろうと思って前で待っていたら、女の人がやって来て、フランス語で何やらいっています。何もわかりませんが、トイレに誰かいるのではなくて、トイレが壊れているんだということが、すでに何分か待っている状況と女の人の残念そうな顔から理解できました。

パリに着いてから、ドイツに絵葉書を出すために駅近くの郵便局に行きました。葉書を出して、切手の位置を指さして「切手ください」といったら、ちゃんと必要な切手を買うことができました。

パリの駅のカフェテリアでサンドイッチを買うときも、何かいっていたのですが、わからないことを身振りを交えて伝えると、ソースの種類が選べることを示してくれました。そして店員が「これで全部？」と手を広げながらいっていた（と理解した）ので、うなずきました。空いている席に座って食べていると、男の人がやって来て、何かいっています。向こうに家族がいて椅子が足りないのが見えたので、「椅子もっていっていい？」と聞いているのだろうと思って、「どうぞ」といったら、「メルシー」といってもっていきました。

右にあげた例はみな、言語なしでも同じように通じたのではないか、と思われるでしょうか。たしかに身振りのほうが言語よりも大きい役割を果たしていたと、私も思います。でも、もしこういった場合、文脈でわかるからといって相手がことばなしで身振りだけで話しかけていたら、同じように通じたかというと、疑問です。つまり、お互い通じない言語を使っているのですが、ことばを口にすることによって、気持ちが表現されたと考えられるのです。ことばが通じないからといって無言でいたのでは、通じる度合いは減るでしょう。ですから、言語を使うということは、意味を伝えるだけではなくて、話すことを通して意図や気持ちを伝える面もあることを、この小さな実験を経て認識しました。

そもそも音声は、言語の意味内容を表すだけではありません。イントネーション、リズム、間合い、声質といった音声的な特徴があります。こういった、意味内容以外の言語情報を、言語研究ではパラ言語（周辺言語）と呼んでいます。話すときは、内容と音声の特徴を合わせて伝えているので、メールなど、音声特徴がない媒体を使うときには誤解が多かったり、きつく感じられたりと、いろいろな問題が生じます。それを補うために顔文字などが考えられてきました。だから顔文字、絵文字は単なる飾りではなくて重要な役割をもっています。

対面の会話では、さらにジェスチャーや視線など、非言語的な要素も伝達に大きな役割を果たします。絵や図、デザインなどの視覚を用いたコミュニケーションツールを含めることもできます。前章でとりあげたゴミ出しの説明も、イラストがあると伝わりやすくなります。

言語の研究をしていると、コミュニケーションする際の言語の役割に関心が向きがちで、本書もずっと言語の話をしてきたのですが、コミュニケーションは言語が中心で、非言語は周辺的、という言語観は、非言語コミュニケーションの研究によってつとに否定されています。どうやって調べたのだろうと思いますが、二者間の対話でことばによって伝えられるメッセージ（ヴァーガス二〇〇二、一五頁）は全体の三五パーセントにすぎないというバードウィスルの見解が知られています（コミュニケーションの内容）。ですから、ことばを使うときには、言語内容の伝達がなくなったところで、伝え合いが完全に破綻するわけではないのです。むしろ、「周辺的」とされるパラ言語がなくなったほうが、破綻する可能性が大きいとさえいえるかもしれません。

意味内容が伝わらないことが、真剣に相手と向き合うきっかけになり、ふつうに話が通じていたら到達しなかったであろう心の深い通い合いにまで至りうる。このことを、「劇団 1980」の『バス停』という劇を観たときに思わされました。これは日本人とモルドヴァ人の俳優が、お互いに共通語がないまま四五分間意思疎通を図るという内容なのですが、はじめはぎこちなかった二人が全身全霊を傾けてあらゆる手段を使って相互理解をめざして次第に気持ちを通わせていくさまは感動的でした。この劇は、ヴァーガス（二〇〇二）のあげる九つの非言語メディア（人体、動作、目〈目つき、視線〉、周辺言語〈話し言葉に付随する音声上の性状と特徴〉、沈黙、身体接触、対人的空間、時間、色彩）が総動員されていて、ことばの意味内容以外の要素がどのように発揮されうるかということをこれ以上ないほど雄弁に物語っていました。ことばが通じないために、意思疎通を図る時間が長くなり、また全力で相手の伝えようとすることを読みとろうとすることでかえって理解が深まったのです。ことばだけに頼るよりも、理解し合えた喜びはその分、大きくなりました。非言語的要素が果たす役割を認識することは、「外国語ができなければ外国人とコミュニケーションがとれない」といった思い込みを打ち砕くために有意義です。

「節英五か条」は、ここであげてきた母語使用のさまざまな可能性にもあてはまります。母語使用はまさしく「多様性を尊重する」（第五条）ことにほかなりません。通訳を用いることが「他者の力を借りつつ」（第四条）伝え合う究極の例だとすれば、受容的多言語使用や漢字圏での漢字使用は「共通語（国際語）よりも現地語優先で」（第三条）伝え合う一つの方法です。そして、同じ言語を共有しない相手と母語で話す場合は、とりわけ「恥ずかしがらずに」（第二条）が鍵です。先日、うちに遊びに来たドイツ人の友人は、私と同じ年ですが、英語がほとんどできません。はじめての大きな海外旅行として日本に来てくれたのですが、カフェなどで、私も驚くくらい堂々とドイツ語で注文して、ほしいものを手に入れていました。お見事！　そしてこの例もそうですが、「何をしたいかを明確に」（第一条）することが伝え合いの第一歩です。

みなさんは、日本語を使った外国人とのコミュニケーション、あるいは言語を伴いつつも主に非言語によって成立したコミュニケーションの経験はありますか。

《コラム9》当世留学生日本語事情

●ベリングラート木村園子ドロテア

日本の大学は、学術的に決して引けを取らない水準であっても、世界的にはなかなか評価されていない、とよくいわれます。これは言語だけの問題ではないでしょうけれど。だから、可能なかぎり、講義や資料を英語にして、英語のみでも生きられる環境をつくろう、というのですが、すべて英語になったら、英語圏と同じ競争力をもてるのでしょうか。生活がすべて英語になりようがないのを別にして……。

私が所属していた大学院では、農学部だけあって、留学生は中国、マレーシア、バングラデシュ、ネパール……と、アジアの出身者が大半です。彼らはまたみな、英語コースの人です。ということは、英語で授業を受け、英語で研究発表をし、英語で論文を出すということです。

これらの留学生たちには日本語なんて必要ない、英語だけを勉強して、研究に没頭したほうが得、なんて私もちょっと思っていました。おはよう、ありがとう、すみません、ぐらいいいえればいいんじゃないかなと。

だから、留学生を見ていて、彼らが逆に日本語を勉強したがっているのに驚いたのです。研究＋日本語、しかも、研究面で英語という母語でないことばが使われることだけでも楽ではないのに、熱心に楽しそうに日本語を勉強しています。みんながみんなそうではないだろうけど、まったく単位等の必要がなくても日本語講座をとった人もいました。母国から、修士論文は日本語で書きなさい、という激励を受けた人もいました。

日本語ができたほうが、どうも得なのです。英語だけだったら必要ない、余分な苦労はかかりますが、その分、プラスαで得られるものがあります。日本語が大変とぼやくことはあっても、決してそこでへこたれているわけではありません。

英語は研究成果の伝達手段としてできるのは当たり前のこと。英語の講義も大歓迎です。日本に来たからといって、国際的に情報発信できないようではだめなのです。でも、どこに行ってもできることをするのではなく、日本に来たからこそできることをやってもらいたい。ここだからこそ得られたものを国にもって帰ってもらえればいいなと思います。

私の研究室に中国から新しい留学生が来たときのことです。日本語はからっきししゃべれない、おとなしい人でした。彼は、日本語は難しいと習うのをはじめから放棄しており、英語のみでコミュニケーションをとろうとしていました。

でもそこで彼は壁にぶち当たりました。いや、日本人学生の英語力ではありません。たしかに流暢にしゃべる人はいないのですが、意思疎通のできない人、実験の支障になるほどことばの通じない人はいません。じゃあ、大丈夫かといえば、そうではなかったのです。その会話はあくまでも用件に留まってしまい、他の学生たちの会話にも入れません。困った彼はますますおとなしくなり、同国人の通訳の陰に隠れるようになってしまいました。

それと対照的なのが、バングラデシュから来た留学生でした。彼も来たときは日本語はまるで知りませんでした。でも、もともと陽気なためか、来てから数か月で日本語の単語を拾い集めるようになり、半年後には身振り手振りを交えた怪しげな日本語が、一年後には早くもある程度の日常会話ができるようになりました。こちらの会話にも積極的に飛び込んできて、「ナニ?」と説明を求めるので、こちらも日本語でできるかぎり、通じなくなったら英語を適当に混ぜて、必死に説明をするはめになります。「Oh, what's this fish? It's pretty good!」などといわれると、サバって英語で何ていうんだろう……と固まってしまうのですが、「コレナニ?」と聞かれると、「鯖です。えー、海の魚。フィッシュ!」「オー、ウミノサカーナ。オイシー!」で、硬い気持ちは一気に氷解してしまうのです。

周りの会話はふつうはすべて日本語です。自分に向けられた発話でなくても積極的に耳を傾けることで情報量も多くなり、調査の相談を日本語でしていると、意外に「アシタ、シチジー、シュウッパツ?」と用件は通じているのです。

これを個人の個性で片づけるのは容易です。でも、個性ではなく、コミュニケーションのとり方をどう考えるかの態度の問題だと私は思います。現に、かの中国の人もその後、「スゴイ」「オイシイ」「オツカレサマ」「オモシロイ」「ダイジョウブ」等を覚え、それら（とくに「スゴイ」）を多用することで見事にコミュニケーションをとっていました。それらの片言日本語でいえることは、流暢な英語ではもちろんすぐできます。でも、逆説的なようですが、あえて何かを指差して「スゴイ」と叫ぶことが話をぐんぐんと広げる糸口になるのです。

英語でさっさと用件をすませることと違って、片言ではなかなか通じません。単にそれだけでも会話の時間が長くなり、相手をよく見ることになります。それに加えて、やっきになって説明しているのを見ると、こちらも自然と引き込まれます。このように双方が伝えよう、理解しようと努力するので、相手の立場になってものを考えることになります。その結果、「何がスゴイんだろう？　日本じゃごくふつうの家なのに……。中国の家ってどんな形なんだろう？」「どう暮らしているんだろう？」と想像力がどんどん湧いてくるのです。ふつう、ことばが通じるほど意図が伝わると思いがちですが、あんまりすらすら通じないほうがかえって理解が深まることもあるようです。

日本語というのは、帰ってからも日本とをつなぐ絆の一つです。海外調査で、元日本留学生が片言の日本語を話すと、一気に研究の話が進みます（打合せ自体は英語でも）。そこまで意識して日本語を学んでいるかはわかりませんが、ぜひ日本語を上達してもらいたいです（英語もだけど！）。

おわりに——私たちはどの方向をめざすのか

エネルギーと言語の二つの方向性

本書は電気の話ではじまったので、最後に再び電気の話に戻ってみましょう。日本社会の電力生産・使用については大きく二つの方向性があるといえるでしょう。一方は「オール電化」「電力消費拡大」です。エネルギーは可能なかぎり電気でまかない、かつ消費が拡大することをめざす方向です。そうすると、それを支えるために大きな電力を生み出す原発が必要、ということになります。でも、たとえば熱源に電気を使うのは、他の手段と比べて、ものすごくエネルギーを消費します。用途によってはもっと効率的なエネルギー源があるのになんでも電気でまかなおうとすることは非合理的なのです。またひたすら電力消費の拡大を伴うような経済成長が本当に幸福を増すことにつながるかは疑問です。仮に百歩譲ってそうだとしても、今の自分たちが快適にすごすために、取り返しのつかない事故の恐れを含み、後世に放射性廃棄物という負の遺産を残す原発のような発電方法を今後も使っていくというのが日本の進むべき方向性でしょうか。

逆の方向性が「非電化」「節電・省エネ」です。電気に頼らなくてもいいところは電気を使わずにすまし、無駄な電気使用もやめてエネルギーを大切にする。そして必要なエネルギーをまかなうためにさまざまな再生可能エネルギーを増やして分散的に対処していく。そのことによって、安心して暮らせる持続可能な社会をめざすということです。

なんでも電気でやろうとするのが無謀なように、電気をことごとくやめてしまって暗いときの明かりも行燈やろうそくでとるというのも、誰も望まないでしょう。両極端が望ましくないのはいうまでもありませんが、問題はどちらの方向をめざすか、ということです。オール電化や原発の開発に向けてきた膨大なお金と時間と情熱を省エネや非電化による製品の開発や再生可能エネルギーに向ければ、日本のエネルギー事情は見ちがえるように変わるにちがいありません。

電気と同じく、言語についても二つの方向性が考えられます。一方は、「オール英語」「英語使用拡大」路線です。グローバル化には英語が必要で日本は立ち遅れているからそれこそ必死でみな英語ができるようにしなければならない、ということです。今の日本は明らかにそういう方向に進んでいます。

現代の国際社会で英語が大きな役割を果たしているのはいうまでもありません。英語は一切いらない、という極端な意見に賛成する人はいないでしょう。でも、英語が有用であるということは、それ以外の言語の知識が不要であるということではありません。英語だけで世界中とわかりあおうとすることは、まったく英語なしで国際的な伝え合いをしようと思うのと同じくらい、無謀なことです。さらに考えてみると、誰もが英語を使わなければならない社会というのは、いわば「グローバル化」が生活のすみずみまでいきわたり、すべてが国際的な人や物やサービスの移動に依存する社会でしょう。そのような社会がどれだけ資源やエネルギーを使うか、考えただけでもぞっとします。それは、地産地消や地域の内発的な活性化を旨とする持続可能な社会の対極にあります。英語が限りなく必要な社会というのは、限りなく持続不可能な社会なのです。

ですから、相互理解が進むとともに持続可能な国際社会というのは、国際語としての英語をなるべく使わない社会、ということになります。ですから、めざすべき方向性は、「オール英語」ではなく、「節英」ということになるのです。

節電については、無駄な電気がついていたら消していくといった行動の節電と、省エネ化を支援するなどの政策的な誘導をするような構造の節電があります。本書で考えてきたことをふまえて、最後に、行動の節英と構造の節英の可能性を探ってみたいと思います。

行動の節英

行動の節英をするために本書であげた言語的な手段は、大きく分けて、英米人のものだけではない英語（国際英語）と、英語だけではない多言語（隣語）、そして日本人だけのものではない日本語

（やさしい日本語）でした。さまざまなエネルギー源と同じく、言語的手段もそれぞれ長所短所があるので、かたくなにどれか一つに固執するのではなく、時と場合に応じて使い分けることが「行動の節英」の鍵となります。それを認識したうえであえて一般化すると、日本では、「まずは日本語、できるかぎり相手言語、最終手段として英語」、海外では、「できるかぎり現地語、あきらめずに日本語、最終手段として英語」という順番が一つの指針になるでしょう。それでも英語を使うことになる場面は多いでしょうが、依存度はかなり減るはずです。このような節英を行う際の心構えをまとめたのが「節英五か条」です。もう一度ふりかえってみましょう。

【節英五か条】

第一条　何をしたいかを明確に
第二条　共通語（国際語）よりも現地語優先で
第三条　恥ずかしがらずに
第四条　他者の力を借りつつ
第五条　多様性を尊重する

「外国人と話すときは英語を使えばいい」という英語万能主義はもちろんですが、「英語が使えないと恥ずかしい」といった自己卑下や「英語もできないのか」という尊大な態度も節英五か条にそぐいません。英語以外の異言語や日本語についても、同様の心構えで使うことが、異なる言語を話す人たちとよい関係を築く第一歩でしょう。

構造の節英

次に、「構造の節英」ですが、これは、主に教育への提言ということになるでしょう。本書ではこれまで言語教育政策をとりあげる余裕がなかったので、ここでは節英の観点から基本的な方向性を考えてみたいと思います。

まず、英語については、英語が基本的に英語圏とむすびついた言語であることをおさえたうえで、国際語として使われる場合の英語は、英米の規範や考え方を前提にしなくてもいいことをあわせて教える教育が求められます。ネイティブの発音や表現ばかりではなく、国際語として英語を使っているさまざまな場面の実際の発音や会話を聞かせて、わかりやすい英語とは何かについて考えることも一つの可能性でしょう。試験でも、重箱の隅をつつくような設問はやめたいものです。日本の学校教育における英語学習の最大の目標ともいえる入試をめぐる議論では、話したり聞いたりすることをどのように含められるかが議論されているようですが、気をつけないと、これまで以上にネイティブ規範に近づくことを推奨する的はずれな教育になってしまいます。

多言語教育については、多元化した国際環境に対応するには英語一辺倒ではまずいという認識が出発点になります。英語の本家イギリスは、第5章でみたように英語の普及にも熱心ですが、他方で英語だけでは不十分であるという議論もなされています。二〇一四年にブリティッシュ・カウンシルが出した『将来のための多言語：どの言語を連合王国はもっとも、そしてなぜ必要としているのか』という報告書（British Council 2014）では、イギリス人は、英語が国際語であることにあぐらをかいているために将来に必要な語学力が欠けているとして、日本語を含む一〇の言語を優先順位の高い言語としてあげています。

つまるところ、しばしば「エネルギーの安全保障」がいわれるエネルギー問題と同じく言語教育の問題も、国際社会での日本の位置づけをどのように構想していくかにかかわります。かつて日本では、英独仏の三言語を柱とする旧制高校が「脱亜入欧」の方向性を体現していました。近年、隣国言語の学習が増えたとはいえ、依然として英語偏重の今の外国語教育のあり方は、アジアの隣国を軽視してアメリカの一部になる「軽亜入米」路線を表しているといったら言い過ぎでしょうか。そして大学などで「第二外国語」として命脈を保っているヨーロッパ系の言語は、いまだある種のあこがれの感覚を含んで学ばれている面があるようです。一方、その他の地域の言語は特殊言語扱いです。いわば「憧欧忘他」といえましょう。「軽亜入米憧欧忘他」でいいのでしょうか。

私としては、「入亜親米」（南米を含めて！）、さらにヨーロッパを知りアフリカを尊びオセアニア（大洋州）にも関心をもって関係を築いていく「知欧尊阿関洋」が日本の当面の方向性として現実的に望ましいと思うのですが、言語教育もそういった広い国際的な展望のなかで考えて、節英によって余った学習エネルギーをふりむけていくことが考えられます。

小学校に導入された「外国語活動」は、言語や文化について体験的に理解を深めて積極的にコミュニケーションを図ろうとする態度の育成を図ることが目標とされていますが（「小学校学習指導要領」〈平成二七年三月〉）、なぜこのような目標を掲げたすぐあとの箇所に、原則として英語を取り扱うことが指示されるのか、指導要領からは読みとれません。この目標を実現するための具体的な内容としてあげられた事柄、たとえば、外国語の音声やリズムに接して言語の面白さ・豊かさに気づくことや多様なものの見方や考え方があることに気づくことなどは、むしろ対象を英語や英語圏に限らないほうが可能性が広がるのに、と思ってしまいます。異なる言語にふれる意義という点からは、手話やエスペラントなど、あるいは地域によってアイヌ語や琉球諸語にふれることも意義深いでしょう。後に主体的な多言語学習につなげていけるように、小学校の「外国語活動」（あるいはより広く言語活動）は、多言語に向き合う態度を養うほうが大切だと考えます。

ごくおおまかな方針としては、小学校で多言語に向き合うことを体験し、中学校で焦点をしぼって国際語としての英語を学び、高校でさらなる言語にも挑戦する、というのが、英語一辺倒に代わる一つの方向性として考えられるでしょう。

すでに多言語活動に関する教授法の開発（大山二〇一六）や国際英語論に基づく英語教育の提言（塩澤他二〇一六）が行われています。また、英語に加えて、国連公用語である中国語、フランス語、スペイン語、アラビア語、ロシア語と、隣国の韓国＝朝鮮語、そして近現代日本ととりわけ縁の深いドイツ語を高校教育に含めるための具体的な提案も言語教育関係者自身の間からなされています（森住他編二〇一六）。

そして日本語については、小学生や中学生の国語の授業に外国人に来てもらおうという提案があります（荒川二〇一〇）。国際理解というと、日本の場合すぐに英語とつながってしまいます。そうすると、日本語が英語よりできるという外国人であっても、「すみません、この時間は英語で話してください」といわれてしまいます。あるいは英語ができないからお断りということになります。こうなると本末転倒です。たとえば小学校にあえて日本語がまだそれほど上手でない外国人に来てもらって、伝え合いを試みてもらう。そうすると、どうやったら通じるのかと考えることによって小学生の伝え合い能力が磨かれていくのではないでしょうか。私は小学校で、ドイツ語やエスペラントを話して進める「わからないことば」での授業をしたことがありますが、非言語でどこまで通じるかという可能性に気づかせる授業も考えたいところです。

セツエイを国際語に！

以上、節電を手がかりにして節英について考えてきましたが、節電と節英の大きな違いとして、日本では電気は明らかにすでに使いすぎの段階にきているのに、英語についてはまだ節英以前の段階だという意見があるかもしれません。でも、電気の使いすぎの一つの帰結としての原発事故から学ぶべきことは、むしろ使いすぎて弊害が生じる前に方向転換する、ということではないでしょうか。

英語の場合、日本は幸いまだとりかえしがつく段階です。英語は氾濫しているように見えるけど、これは表面的な次元だけで、日本社会は全体としては、模範的なくらい節英しているという見方もできます。これは欧米に植民地化されなかった日本の特徴であり、日本はむしろこの有利な立脚点に基づいて、節英大国であることを売りにすることができます。日本の本当の問題は、英語ができないことではなく、英語ができないことが問題だと思い込んで「オール英語」「英語使用拡大」以外の方向で今後の社会や国際関係のあり方をつくっていく可能性を考えていないことです。

よく、英語化の先進例としてアジアではシンガポールがあげられますが、そのような特殊事例の後追いをするよりも、節英を打ち出して魅力的な将来像を作りあげるほうが、日本は国際社会に有意義な貢献ができるでしょう。日本の優れた技術力をふまえてセツデンを国際語にしようという提案があります（村井二〇一二）が、日本の言語状況をふまえて英語に依存しない国際化・地球規模化への対応の例を示すことで、セツエイこそ国際語にしたいものです。

◆引用・参考文献

新井聡（二〇〇九）『片仮名語和改辞典』幻冬舎ルネッサンス

荒川洋平（二〇一〇）『とりあえず日本語で――もしもあなたが外国人と「日本語で話す」としたら』スリーエーネットワーク

庵功雄（二〇一六）『やさしい日本語――多文化共生社会へ』岩波新書

伊藤陽一（二〇〇五）「ニュースの国際流通パターンと規定要因」伊藤陽一編『ニュースの国際流通と市民意識』慶応義塾大学出版会、一四一―一七〇頁

ヴァーガス、マジョリー・F（二〇〇二）［一九八七］『非言語《ノンバーバル》コミュニケーション』石丸正訳、新潮新書

梅棹忠夫（二〇〇四）『日本語の将来』ＮＨＫブックス

大澤真幸（二〇一二）『夢より深い覚醒へ――3・11後の哲学』岩波新書

太田昌克（二〇一四）『日米〈核〉同盟――原爆、核の傘、フクシマ』岩波新書

大山万容（二〇一六）『言語への目覚め活動――複言語主義に基づく教授法』くろしお出版

岡崎眸（監修）（二〇〇七）『共生日本語教育学――多言語多文化共生社会のために』雄松堂出版、二七三―三一八頁

岡真理（二〇〇一）「私たちは何者の視点で世界を見るのか」『現代思想』一〇月臨時増刊号、一〇五―一一〇頁

オストハイダ、テーヤ（二〇一一）「言語意識とアコモデーション」山下仁・渡辺学・高田博行編『言語意識と社会――ドイツの視点・日本の視点』三元社、九―三六頁

海後宗男（二〇〇七）「メディアの寡占化とネット空間」伊藤陽一編『文化の国際流通と市民意識』慶応義塾大学出版会、一四三―一六五頁

加藤恵津子（二〇一〇）「自文化を書く――だが、誰のために？」山本真弓編著『文化と政治の翻訳学』明石書店、一〇九－一四三頁
かどやひでのり・あべやすし編（二〇一〇）『識字の社会言語学』生活書院
金谷武洋（二〇〇四）『英語にも主語はなかった――日本語文法から言語千年史へ』講談社選書メチエ
クリスタル、デイヴィッド（一九九二）『言語学百科事典』風間喜代三・長谷川欣佑訳、大修館書店
小松達也（二〇〇三）『通訳の英語日本語』文春新書
斉藤道雄（二〇一六）『手話を生きる――少数言語が多数派日本語と出会うところで』みすず書房
ザメンホフ、L・L（一九九七）『国際共通語の思想』水野義明編訳、新泉社
塩澤正・吉川寛・倉橋洋子・小宮富子・下内充（二〇一六）『「国際英語論」で変わる日本の英語教育』くろしお出版
末延岑生（二〇一〇）『ニホン英語は世界で通じる』平凡社新書
杉原由美・藁谷郁美（二〇一四）「大事なのは自転車の漕ぎ方を身につけること」『KEIO SFC REVIEW 54』、六－八頁
鈴木孝夫（一九八五）『武器としてのことば――茶の間の国際情報学』新潮選書［改訂版：『新・武器としてのことば――日本の「言語戦略」を考える』アートデイズ、二〇〇八］
鈴木孝夫（二〇〇一）『英語はいらない!?』ＰＨＰ新書
鈴木孝夫（二〇一一）『しあわせ節電』文藝春秋
施光恒（二〇一五）『英語化は愚民化――日本の国力が地に落ちる』集英社新書

添田孝史（二〇一四）『原発と大津波――警告を葬った人々』岩波新書
高田英一（二〇〇八）「手話・言語・コミュニケーション」長瀬修・東俊裕・川島聡編著『障害者の権利条約と日本』生活書院、九七-一三六頁
田中克彦（二〇〇七）『エスペラント――異端の言語』岩波新書
多和田葉子（二〇一三）『言葉と歩く日記』岩波新書
津田幸男（二〇〇六）『英語支配とことばの平等』慶応義塾大学出版会
恒吉博子（二〇〇六）「支配としての英語、文化としての英語、戦略としての英語」恒吉博子（研究代表者）『国際戦略としての教授用語の英語化――短期留学プログラムの多国間比較研究』（平成一五-一七年度科学研究費補助金基盤研究B（2）報告書）、一-一二頁
寺沢拓敬（二〇一五）『「日本人と英語」の社会学』研究社
電気事業連合会（二〇一五）『原子力コンセンサス 2015』（fepc-dp.jp）（二〇一六年九月一日検索）
ドイチャー、ガイ（二〇一二）『言語が違えば、世界も違って見えるわけ』椋田直子訳、インターシフト
鳥飼玖美子（二〇一一）『国際共通語としての英語』講談社現代新書
永井忠孝（二〇一五）『英語の害毒』新潮新書
中村哲（二〇〇六）『アフガニスタンで考える』岩波ブックレット
ネリエール、ジャン＝ポール／ホン、ディビッド（二〇一一）『世界のグロービッシュ――一五〇〇語で通じる驚異の英語術』グローバル人材開発訳、東洋経済新報社
平川秀幸（二〇一一）「異なる意見集め磨く信頼性」朝日新聞二〇一一年六月二〇日
船橋洋一（二〇〇〇）『あえて英語公用語化論』文春新書
船守美穂（二〇〇六）「米国の国家安全保障言語構想」（http://dir.u-tokyo.ac.jp/Archives/

kaigai/files/D-3-NSLI.pdf）（二〇一二年九月五日検索）

堀内隆（二〇〇七）「なぜ見通せない中東和平のゆくえ――現地からの報告」『東京外語会報』一一〇号、四一－四二頁

堀部秀雄（二〇〇二）『英語観を問う――英語は「シンデレラ」か「養子」か「ゴジラ」か？』渓水社

本名信行（二〇一二）「英語が国際言語であるとはどういうことか」本名信行・竹下裕子・三宅ひろ子・間瀬幸夫編『企業・大学はグローバル人材をどう育てるか――国際コミュニケーションマネジメントのすすめ』アスク出版、一〇－一九頁

本名信行・竹下裕子（二〇一二）「国際コミュニケーションマネジメントとはなにか」本名信行・竹下裕子・三宅ひろ子・間瀬幸夫編『企業・大学はグローバル人材をどう育てるか――国際コミュニケーションマネジメントのすすめ』アスク出版、二〇－二九頁

本名信行（二〇一三）『国際言語としての英語――文化を越えた伝え合い』冨山房インターナショナル

マクルーハン、M（二〇〇一）［一九八七］『メディア論――人間の拡張の諸相』栗原裕・河本仲聖訳、みすず書房

水野和夫（二〇一二）「『近代』の終焉」藤原書店編集部編『3・11と私――東日本大震災で考えたこと』藤原書店、三七一－三七四頁

宮島喬（一九九九）『文化と不平等』有斐閣

村井哲之（二〇一一）『節電の達人』朝日新書

森岡正博（二〇〇三）『無痛文明論』トランスビュー

森住衛（二〇〇四）「英語教育の反国際性」『あえて英語偏重を問う』日本エスペラント学会、

二五－三一頁
森住衛・古石篤子・杉谷眞佐子・長谷川由起子編著（二〇一六）『外国語教育は英語だけでいいのか――グローバル社会は多言語だ！』くろしお出版
ラミス、ダグラス（一九七九）［一九七六］『イデオロギーとしての英会話』斎藤靖子ほか訳、晶文社
リートケ、G（一九九三）「被造物が立ち帰るまで」安田治夫訳、富坂キリスト教センター編『エコロジーとキリスト教』新教出版社、三〇五－三二四頁
山田寛人（二〇〇一）「大言語話者による小言語学習／教育／研究の陥穽――「ありがたがられ効果」という用語の提案」『社会言語学』I号、一〇一－一〇三頁
山田昭次（二〇一四）『全国戦没者追悼式批判』影書房
山田雄一郎（二〇〇五）『外来語の社会学――隠語化するコミュニケーション』春風社
矢部宏治（二〇一四）『日本はなぜ、「基地」と「原発」を止められないのか』集英社インターナショナル
吉岡斉（二〇一一）「日米原子力同盟の歴史と構造」『科学』一二月号、一二九二－一二九九頁
British Council (2013) *The English Effect.* (www.britishcouncil.org)
British Council (2014) *Languages for the future: Which languages the UK needs most and why.* (www.britishcouncil.org)
EE-EPI (2015) http://www.efjapan.co.jp/epi/downloads/（二〇一六年九月二二日検索）
Fairbrother, Lisa (2015) The management of language and power in intercultural contact situations in Japan, *International Journal of the Sociology of Language,* 232, 59-78.
Grin, François (2005) *L'enseignement des langues étrangères comme politique publique,* Haut conseil de

l'évaluation de l'école.

Grin, François (2008) Principles of policy evaluation and their application to multilingualism in the European Union, in: Arzoz, Xabier (ed.): *Respecting Linguistic Diversity in the European Union*, John Benjamins, 73-83.

Jenkins, Jennifer (2000) *The Phonology of English as an International Language*, Oxford University Press.

Knapp, Annelie (2011) When Comprehension is crucial. Using English as a medium of instruction at a German university, in: De Houwer, Annick & Wilton, Antje (eds.): *English in Europe Today. Sociocultural and educational perspectives*, John Benjamins, 51-70.

Martin, Mike (2014) *An Intimate War – An Oral History of the Helmand Conflict*, C Hurst & Co.

National Commission on Terrorists Attacks upon the United States (2004) *The 9/11 Commission Report*. http://www.9-11commission.gov/report/911Report.pdf（二〇一一年九月五日検索）

National Security Language Initiative [NSLI] (2006) http://www.aplu.org/NetCommunity/Document.Doc?id=50（二〇一一年九月五日検索）

Phillipson, Robert（2012）Review. Indigenous Children's Education as Linguistic Genocide and a Crime against Humanity? A Global View / Linguistic Justice for Europe and for the World, *Journal of Contemporary European Studies*, 20(3), 377-414.

Piniekowa, Christina (2002) Zapozdźone wotegrono starkej, *Pomhaj Bóh*, 8. 2002, 6.

van Parijs, Philippe (2011) *Linguistic Justice for Europe & for the World*, Oxford University Press.

Weydt, Harald (2003) The Inferiority of the Non-native Speaker and its Political Consequences?, in: Ryan, Phyllis M. & Terborg, Roland (eds.): *Language. Issues of Inequality*, Universidad Nacional Autónoma de México, Centro de Enseñanza de Lenguas Extranjeras, 173-188.

あとがき

言語に関する多くの本が世の中に出回っているのに、あえて本書を付け加えたいと思った背景には、ずっと気になっていた三つの断絶があります。

まず、国際語としての英語の評価をめぐる断絶です。「英語支配」や「英語帝国主義」などを掲げて英語に極度に批判的な書籍が何冊も刊行されている一方、書店に行くと、「苦手がふっとぶ英会話」「ネーティブみたいに話すには」、といった感じでひたすら英語学習を勧めるような本がずらっと並んでいます。両者の間にはなんの接点もないように見えます。

二つ目は、「英語」と「その他の異言語」と「日本語」の間の議論の断絶です。これらの言語をめぐる課題は相互につながっているはずです。しかし、多くの英語本には英語以外の言語のことは出てきません。また英語以外の異言語教育についての本では、日本語にふれることはまれです。日本語は多くの在日外国人などにとっては異言語ですから、日本語教育も日本における異言語教育の一部なのですが。そして「やさしい日本語」は、類似する論点を含んでいる「国際英語」についてあまり意識していないように見えます。

第三の断絶は、学術と現場の断絶です。これは多かれ少なかれどの分野でも見られることでしょうが、言語関係の学界で交わされている議論は、言語を教えたり学んだり使ったりしている現場に必ずしも伝わっていないと感じます。現場をふまえて研究するだけではなく、研究成果を広く社会に伝えるのも研究者の責任といえます。

浅学菲才を顧みず、これらの断絶に少しでも架け橋をかけたい、というのが本書執筆の動機でした。今、「執筆」と書きましたが、もう読まれた方はお気づきのとおり、本書は書き下ろしではなく、ここ数年、大学の授業や市民向けの講演の機会を与えられて話してきたことを文字化してまとめたものです。とりあげた議論の進展は、この間に読んださまざまな文献のほか、本書のもとになった話をした際に共に考えてくれた多くの方々に負うところが大きく、実のところ、本書は、企画から刊行まで導いていただいた萬書房の神谷万喜子さん、体験に基づくエッセイを書いてくれた妹のベリングラート木村園子ドロテアをはじめ、本書の成立に関わってくれたすべての方との共著です。心からお礼申しあげます。

ふだん書いているような学術的な文章とは異なり、本書では、あえて自分の経験や思いを前面に出しました。その分、客観性に欠けると思われるかもしれませんが、世の中の多くの（ほとんどの?）文章は、仮に中立をよそおっていたとしても、実は特定の立場や背景をもって書かれています。本書の内容にひきつけるならば、むしろあえて「バイアス」（偏り）を明らかにすることが読者のみなさんの判断材料、また自分自身にひきつけて考える手がかりになれば、と思っています。

先にあげた断絶をつなぐのにこの本がどの程度役に立つかどうか、あとは本書を手にとって読んでくださる読者の方々にゆだねたいと思います。

二〇一六年一一月九日

木村護郎クリストフ

執筆者紹介

木村護郎クリストフ（きむら　ごろう　くりすとふ）

一九七四年名古屋生まれ。上智大学外国語学部ドイツ語学科教授、大学院グローバル・スタディーズ研究科国際関係論専攻教員。専門は言語社会学、言語教育学。主に少数言語の維持・活性化、異言語間コミュニケーションを研究している。

主要著書に『言語にとって「人為性」とはなにか』三元社二〇〇五年（単著）、『媒介言語論を学ぶ人のために』世界思想社二〇〇九年（共編）、『言語的近代を超えて』明石書店二〇〇四年、『マイノリティとは何か』ミネルヴァ書房二〇〇七年、『バイリンガルでろう児は育つ』生活書院二〇〇八年、『外国研究の現在と未来』上智大学出版二〇一〇年、『言語意識と社会』三元社二〇一一年、『多言語主義再考』三元社二〇一二年（以上共著）など。

ベリングラート木村園子ドロテア（べりんぐらーと　きむら　そのこ　どろてあ）

一九七六年名古屋生まれ。二〇〇五年に北海道大学農学研究科で博士号を取得し、東京農工大学に勤務。二〇一五年よりライプニッツ農業景観研究センター（ＺＡＬＦ）土地利用システム研究所長を兼ねるベルリン・フンボルト大学教授。農業環境に関して、日本、ドイツ、アジア各国で研究を行っている。

主要著書・論文に『図説「日本の土壌」』朝倉書店二〇一〇年、「ＳＲＩと土壌環境」『稲作革命ＳＲＩ』日本経済新聞出版社二〇一一年、「熱帯の土における物質循環」『土のひみつ』朝倉書店二〇一五年、Topo-sequential variation in methane emissions from double-cropping paddy rice in Northwest Vietnam, *Geoderm*, 2013.（以上共著）など。

節英のすすめ

脱英語依存こそ国際化・グローバル化対応のカギ！

二〇一六年一二月一〇日　初版第一刷発行
二〇二〇年　六月　一日　初版第三刷発行

編著者　木村護郎クリストフ
装　幀　臼井新太郎
発行者　神谷万喜子
発行所　合同会社　萬書房
〒二二二－〇〇一一　神奈川県横浜市港北区菊名二丁目二四－一二－一〇五
電話　〇四五－四三一－四四二三　FAX　〇四五－六三三－四二五二
yorozushobo@tbb.t-com.ne.jp　http://yorozushobo.p2.weblife.me/
郵便振替　〇〇二三〇－三－五二〇二二
印刷製本　中央精版印刷株式会社

ISBN978-4-907961-09-1　C0080
© KIMURA Goro Christoph 2016, Printed in Japan
乱丁／落丁はお取替えします。
本書の一部あるいは全部を利用（コピー等）する際には、著作権法上の例外を除き、著作権者の許諾が必要です。

萬書房の本

AIDで生まれるということ
精子提供で生まれた子どもたちの声
非配偶者間人工授精で生まれた人の自助グループ・長沖暁子編著
四六判並製二〇八頁／本体価格一八〇〇円

紀見峠を越えて　岡潔の時代の数学の回想
高瀬正仁著
四六判上製二七二頁／本体価格二三〇〇円

精神医療の現実　処方薬依存からの再生の物語
嶋田和子著
四六判並製二二四頁／本体価格一九〇〇円

森はマンダラ　森と人との愛の関係
徳村彰著
四六判並製二一六頁／本体価格一九〇〇円

沈黙を越えて
知的障害と呼ばれる人々が内に秘めた言葉を紡ぎはじめた
柴田保之著
四六判並製二三二頁／本体価格二〇〇〇円

萬書房の本

尾崎翠の感覚世界
《附》尾崎翠作品「第七官界彷徨」他二篇
加藤幸子著
四六判上製二五六頁／本体価格二三〇〇円

とぼとぼ亭日記抄
高瀬正仁著
B六変形判上製一七六頁／本体価格一六〇〇円

荻窪家族プロジェクト物語
住む人・使う人・地域の人みんなでつくり多世代で暮らす新たな住まい方の提案
荻窪家族プロジェクト編著
四六判並製二二四頁／本体価格一八〇〇円

発見と創造の数学史　情緒の数学史を求めて
高瀬正仁著
A5判上製二八八頁／本体価格二七〇〇円

〈ダグラス・ラミスの思想〉自選集
「普通」の不思議さ
C・ダグラス・ラミス著
四六判並製二三六頁／本体価格二五〇〇円

萬書房の本

向精神薬、とくにベンゾ系のための
減薬・断薬サポートノート
嶋田和子著
四六判並製一二八頁／本体価格一四〇〇円

発達障害バブルの真相
救済か？魔女狩りか？暴走する発達障害者支援
米田倫康著
四六判並製二五六頁／本体価格二〇〇〇円

青年はなぜ死んだのか
カルテから読み解く精神病院患者暴行死事件の真実
嶋田和子著
四六判並製二七二頁／本体価格二〇〇〇円

ドストエフスキーの戦争論
『作家の日記』を読む
三浦小太郎著
四六判並製二七二頁／本体価格二二〇〇円

もう一回やり直したい
精神科医に心身を支配され自死した女性の叫び
米田倫康著
四六判並製二二八頁／本体価格二〇〇〇円